*l*ibretto

ÉMILE GUIMET

# HUIT JOURS
# AUX INDES

récit

*l*ibretto

© Éditions Phébus, Paris, 2007.

ISBN : 978-2-36914-274-4

Émile Guimet est né à Lyon en 1836. En 1860, il hérite de l'entreprise de son père, Péchiney, également créateur du bleu outremer artificiel (le «bleu Guimet»). Touche-à-tout et érudit, Émile Guimet est un musicien accompli et surtout un voyageur dans l'âme. Les illustrés qu'il publie font bientôt de lui l'un des personnages incontournables de la vie culturelle française. Il décède l'année de ses quatre-vingt-deux ans. Émile Guimet est principalement connu pour être le cofondateur et vice-président de la Société franco-japonaise de Paris, mais surtout le père du musée d'histoire naturelle Guimet à Lyon et du très renommé musée national des Arts asiatiques à Paris.

# I

## COLOMBO

Les mers des Indes subissent avec régularité les influences des moussons. Pendant six mois, d'avril à octobre, règne le vent du sud-ouest, et pendant les six autres mois, d'octobre à avril, c'est le vent du nord-est qui domine.

Une fois ces courants établis, le temps en haute mer est relativement calme et, si l'on a le vent en poupe, on est assuré d'une traversée facile et rapide. Les tempêtes ne sévissent qu'aux changements de moussons.

Mais ce régime de courants fait aux côtes de l'Asie, particulièrement aux rivages qui sont perpendiculaires aux moussons, des conditions très différentes selon les saisons. Pendant six mois les côtes de l'est sont à l'abri, les mouillages sont faciles et le cabotage sans danger. Pendant l'autre moitié de l'année, les vents ne donnent pas un moment de répit ; l'entrée des ports est dangereuse ; les bateaux sont toujours rejetés sur les côtes. Tandis que tout un côté de la péninsule indienne est dans la tranquillité, l'autre côté est ravagé par la violence des courants.

Et voilà pourquoi nous attendions depuis trois semaines le bateau qui, venu de Calcutta, devait, après avoir doublé Galle, nous faire faire la petite traversée de Colombo à Tuticorin et nous transporter de Ceylan au sud de l'Inde.

Chaque semaine un bateau quitte la capitale des possessions anglaises, touche à Madras, double la pointe de Ceylan

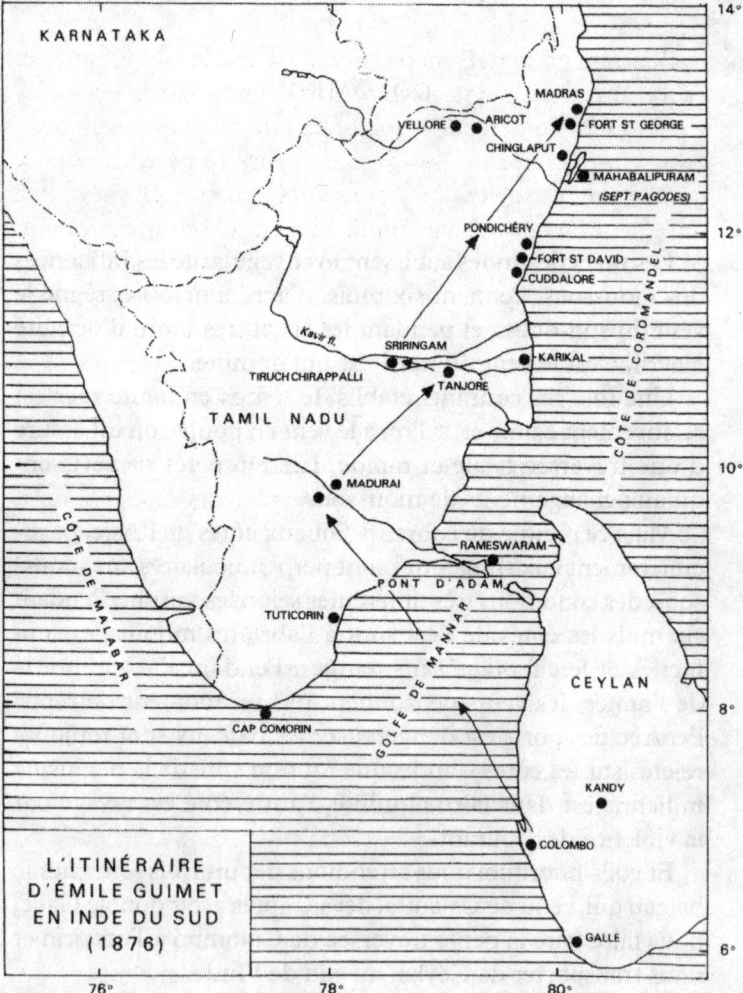

KARNATAKA

MADRAS
VELLORE   ARICOT       FORT ST GEORGE
          CHINGLAPUT

                        MAHABALIPURAM
                        (SEPT PAGODES)

          PONDICHÉRY
                   FORT ST DAVID
                   CUDDALORE

Kavir fl.
          SRIRINGAM
                              KARIKAL
TIRUCH CHIRAPPALLI
                   TANJORE

TAMIL NADU

          MADURAI

                   RAMESWARAM

          PONT D'ADAM

TUTICORIN

                        CEYLAN

CAP COMORIN

                   KANDY

                   COLOMBO

L'ITINÉRAIRE
D'ÉMILE GUIMET
EN INDE DU SUD
(1876)
                        GALLE

CÔTE DE COROMANDEL

CÔTE DE MALABAR

GOLFE DE MANNAR

76°     78°     80°

14°

12°

10°

8°

6°

et arrive à Bombay. Le difficile pour lui pendant les moussons nord-est est d'arriver sans encombre à Galle. Or voilà trois semaines de suite que le service a été interrompu par des naufrages.

Pourtant on vient de nous apprendre que le *Goa* est en vue, et Régamey[1] et moi nous nous préparons à partir.

La première personne que nous rencontrons sur le pont du navire, c'est *le Père*. Les voyageurs sont comme les oiseaux de passage, ils suivent les courants, et chaque globe-trotter qui a la prétention d'accomplir tout seul le tour du monde se trouve forcément faire partie d'une bande qui profite de la mousson. *Le Père* est de la bande dont nous sommes nous-mêmes. Nous l'avons entrevu au Japon, nous l'avons rencontré à Shanghai, nous l'avons retrouvé à Hong Kong. Naviguant ensemble jusqu'à Ceylan, nous avons pris congé de lui à Galle, mais à Colombo il était à la table d'hôte et le voilà comme nous en route pour Tuticorin. C'est un missionnaire italien qui pendant de longues années a été curé de village au pays des Peaux-Rouges. Il rentre chez lui en prenant un peu le chemin de l'école.

La seconde personne que nous trouvons à bord, c'est le secrétaire du gouverneur de Ceylan. On dirait que ce jeune Anglais s'est institué notre providence. Il nous suit comme un ange gardien, et sa connaissance du pays, sa complaisance inépuisable, son autorité administrative viennent à chaque pas nous faciliter le voyage.

Nous dînions un soir à Kandy, chez le gouverneur de Ceylan, dans ce splendide palais que les Anglais ont élevé en plein paradis terrestre. J'eus l'idée de profiter de l'occasion

1. Régamey (Félix, 1844-1907). Ce peintre voyageur visita le Japon, d'où il rapporta ses *Cérémonies religieuses*, peintes d'après nature (musée Guimet, Paris). Il accompagna Guimet aux Indes, pour lever une foule de dessins d'après nature. (*Sauf mention contraire, toutes les notes sont de l'éditeur.*)

pour demander à ce haut fonctionnaire des lettres d'introduction pour ses collègues des Indes. Mais il paraît que ma proposition n'était pas correcte, d'abord parce que je n'avais pas été présenté officiellement au gouverneur, dont le hasard seul m'avait fait faire la connaissance, et puis parce que les gouverneurs n'aiment pas trop à se mêler aux affaires des autres gouverneurs. Si bien que, à ma question, notre hôte répondit en parlant d'autre chose.

Mais un instant après il s'adressa à son secrétaire :

– C'est la semaine prochaine que vous allez voir votre parent de Madurai, n'est-ce pas, monsieur ?

Étonnement du secrétaire.

– Eh bien alors, vous allez faire route avec ces messieurs.

Le secrétaire s'inclina. Il avait compris.

Nous aussi.

Et c'est ainsi que le «hasard» avait amené le secrétaire du gouverneur à bord du *Goa*.

Le bateau est littéralement pris d'assaut par des Tamouls qui retournent aux Indes après avoir travaillé à Ceylan dans les cultures du café. Car les Cingalais ne s'occupent pas d'agriculture. Je me demande encore de quoi ils vivent.

Le café se récolte dans l'île en grande quantité, quoique les terrains qui le produisent soient assez difficiles à trouver. La plante ne pousse que dans les régions élevées, et il lui faut des conditions spéciales d'orientation. Lorsqu'un particulier a trouvé un *climat* à café, il demande une concession au gouvernement, puis il va aux Indes chercher des Tamouls. Il revient avec une armée de travailleurs qui défrichent, plantent, sarclent et cultivent pendant quatre mois. Ce sont, pour ces ouvriers, les mois bénis, les mois heureux ; ils travaillent, c'est vrai, mais ils gagnent de l'argent, se nourrissent bien, engraissent, s'habillent à neuf et font des économies. Ils emportent ordinairement dans leur pays de quoi vivre quatre mois. Après quoi ils maigrissent, usent leurs habits, meurent de faim en attendant une nouvelle saison de travail. Et c'est chaque année ainsi : quatre mois de travail et de bonne nourriture, quatre mois de paresse et d'aisance, quatre mois de misère et de souffrance.

Les Tamouls qui envahissent le *Goa* sont dans la période d'engraissement. Ils sont aussi replets qu'un Tamoul peut l'être : c'est-à-dire qu'on ne voit pas trop leur charpente osseuse. Leur peau noire comme celle des Nubiens fait ressortir la blancheur des étoffes qui les couvrent à peine, car pour eux le costume est un ornement plutôt qu'une nécessité ; un *langouti*, un turban, et l'homme est habillé ; mais quelques draperies légères entourant les reins ou couvrant les épaules sont un agrément qui témoigne l'aisance. Les femmes, en plus, ont des bijoux aux mains, aux pieds, aux oreilles, au nez.

Cette foule étrange se case peu à peu dans les entreponts. Tous s'accroupissent les uns à côté des autres. Quand on croit la chambrée pleine, un contremaître donne l'ordre de se serrer et l'on trouve à placer encore une centaine d'ouvriers.

Les barques remplies de ces travailleurs ne cessent d'accoster le navire. La masse bariolée monte toujours comme des flots et s'écoule silencieuse dans les recoins sombres. Il y a encore des vides dans les soutes, dans la cale, dans le spardeck. Cela peut durer longtemps.

En attendant que le bateau soit en état de lever l'ancre, nous dînons sur le pont.

Le repas fini, il est sept heures, la nuit arrive et les Tamouls ne cessent de grimper aux échelles et de disparaître dans les flancs du navire.

Enfin, le capitaine a dit un mot, fait un geste ; on ferme le bastingage, il y a sept cents Tamouls à bord, c'est suffisant. Ceux qui ne peuvent être embarqués accueillent le refus par un formidable hourra de joie : c'est leur manière de témoigner leur mécontentement.

Pour ces peuplades depuis si longtemps asservies, tout

ordre est un honneur, et le Tamoul est toujours prêt à remercier la main qui le frappe.

Ces races noires habitent particulièrement les côtes du Malabar et vivent resserrées entre la mer et la chaîne de montagnes qui longe le littoral. Leur origine est évidemment africaine. Les moussons d'été, le grand courant marin qui part de Madagascar et arrive aux Indes, courant fort judicieusement appelé par les Anglais *Malabar current*, toutes ces circulations naturelles ont rejeté sur la péninsule indienne ces hommes de l'Afrique. Les croisements, les contacts de mœurs différentes, les habitudes modifiées par les gouvernements n'ont pas réussi à effacer de ces êtres le type nubien.

Car il ne faut pas croire que ces mers aux fonctions régulières n'aient pas été sillonnées, dès la plus haute Antiquité, par les peuplades primitives. Aussitôt que l'homme a pu creuser un tronc d'arbre et s'en faire un canot, volontairement ou involontairement, bon gré mal gré, il a dû suivre les courants et reconnaître qu'il avait dans les moussons un *indicateur de la navigation* tout trouvé, avec service d'été pour l'aller et service d'hiver pour le retour. Les peuples les plus éloignés se sont connus, sont devenus amis ou ennemis et, selon les cas, ont été appelés à faire le commerce ou la guerre et à revenir périodiquement se battre ou échanger des produits.

Si l'histoire est muette à ce sujet, tant pis pour l'histoire !

Les marins au tronc d'arbre n'ont pas attendu les historiens pour s'élancer sur l'océan.

Et tenez, ce sont encore des troncs d'arbres qui servent de barques aux Cingalais et aux Malabars. Voyez ces canots rapides qui parcourent le port de Colombo, un figuier creusé, surmonté de deux madriers posés sur champ, un mât garni d'une toile mal tissée que le navigateur est obligé d'arroser fréquemment pour que le vent ne passe pas à travers, et, pour compléter l'équipement, un bambou horizontal retenu par des ficelles et sur lequel un des hommes de l'équipage s'avance pour faire contrepoids à la voile gonflée et empêcher le canot de chavirer. Ces barques vont en pleine mer et font des traversées de plusieurs jours. Combien de peuplades africaines ont des embarcations identiques ?

Pourtant nous ne partons pas. Allons dormir !... si les insectes de toutes grosseurs qui pullulent dans les cabines veulent bien nous le permettre.

Pendant la nuit nous traversons le bras de mer qui sépare l'île de Ceylan de la presqu'île indienne. C'est dans ces parages que le poète Valmiki a placé un des épisodes les plus importants du *Ramayana* : l'armée des singes divins traversant le détroit pour envahir la ville de Lanka, demeure du mauvais génie qui détenait dans son sérail la belle Sita, épouse de Rama.

Rama est l'incarnation d'une moitié de Vishnou ; c'est un quart de dieu ; sa naissance est suscitée par l'Olympe entier qui veut se venger du terrible Ravana, esprit des ténèbres. Rama est donc plutôt le sauveur des dieux que le sauveur des hommes ; mais quel exemple d'une morale merveilleuse il donne aux humains, comme Achille, comme Ménélas, dont il partage les infortunes ; c'est un héros puissant et courageux, mais c'est surtout un héros vertueux, on pourrait dire un héros chrétien, tant les sentiments de dévouement et d'amour du prochain éclairent toutes ses actions.

Du reste, dans le *Ramayana*, au milieu des prodiges incessants de la fantaisie orientale, la piété et la vertu dominent cette étrange *Iliade*. Il n'y a pas jusqu'aux démons eux-mêmes qui ne donnent souvent des preuves d'une intégrité touchante.

Avant de s'attaquer à Ravana, Rama a son *Odyssée* ; il parcourt le monde, ou les mondes, et, chemin faisant, rend quelques services aux dieux qu'il est venu sauver. Ces pauvres dieux de l'Olympe brahmanique, il n'y a pas de malheurs qui ne leur arrivent ; s'ils n'avaient de temps en temps de saints anachorètes ou des quarts de dieu pour les tirer d'affaire, ils

15

joueraient vraiment un triste rôle. La puissance de la vertu humaine est une caractéristique des religions indiennes; la responsabilité de l'homme est telle que les actes humains suffisent à perdre ou à sauver l'univers.

Et c'est ainsi que, le mal devenant de plus en plus puissant, les dieux sont un beau jour chassés du ciel par le démon Bali. Mais Vishnou, incarné en nain pauvre et mendiant, en fait son affaire, il demande au génie trois pas de terre. Celui-ci accorde l'aumône sans rien soupçonner; le dieu mesure aussitôt les trois mondes en trois pas, les rend aux dieux et réduit le démon à la seule habitation des enfers.

C'est un service analogue que Rama doit rendre à l'Olympe en combattant Ravana; pour détruire la troupe innombrable des génies nocturnes il lui faut une armée, et les dieux imaginent de créer des singes gigantesques.

Quel mythe, quelle allégorie se cache sous cette forme bizarre? Ces singes doivent être les courants aériens. Hanouman, le plus brillant et par sa sagesse et par sa force, est formellement appelé «fils du vent». Les effets produits par la marche de cette armée simienne sont bien les résultats produits par les typhons des tropiques. C'étaient d'héroïques singes, capables de se métamorphoser comme ils voulaient. Excités par le désir d'arracher la vie à Ravana, le monstre aux dix têtes, les dieux firent naître à milliers ces *orangs* aux formes changeantes, impétueux comme une masse de nuées orageuses, à la force sans mesure, à la voix formidable comme le bruit du tonnerre, avec le corps vigoureux des lions, la stature des éléphants ou même la hauteur des montagnes. Ils lançaient des pics de rochers en guise de javelot et combattaient avec de grands arbres qui leur servaient de massues.

Les ongles et les dents étaient pour eux d'autres armes non moins terribles. Ces demi-dieux robustes auraient pu secouer une montagne, déraciner les arbres géants, troubler en un instant les bassins profonds de la mer et briser la terre dans leurs bras. On les aurait vus s'élancer dans les airs, et marchant ou bondissant sur le sol des cieux, en précipiter les nuages ; ils eussent arrêté des éléphants furieux en pleine course au milieu des bois.

Avant d'attaquer Lanka, le roi des singes envoie Hanouman en éclaireur. Le héros simien doit d'un seul bond traverser le détroit. Pour prendre son élan, il gravit le mont Mahendra dont la cime «baise» le ciel, et sur ce sommet le géant brillait avec son éclatante splendeur comme une seconde montagne élevée sur la première. Quand le singe pressa de ses deux pieds la noble montagne, elle poussa un mugissement : tel, dans sa colère, un grand éléphant qu'un lion a blessé. Le mont pressé comme une éponge sous le talon d'Hanouman laisse échapper des sources de toutes parts. Les hauteurs brisées vomissent des ruisseaux d'écume ; les éléphants tremblent, la tige des grands arbres est secouée. Écrasés dans le creux des rochers, les serpents au venin mortel jettent de leur gueule une flamme épouvantable.

Les oiseaux effarouchés s'envolent en poussant de grands cris, et la haute montagne subit un vaste éboulement de ses rochers et de ses larges cimes. Du même coup les fleurs tombent de la tête fleurie des arbres et couvrent le sol, qui devient rose, orange et bleu.

Dans son élan le vaste singe entraîne avec ses jambes les palmiers, les ficus immenses, les santals aux mille fleurs, et la forêt semble bondir avec lui. Couvert des fleurs arrachées par son impétuosité, le corps du quadrumane brille comme le firmament aux heures où la nuit y sème les étoiles d'or. Ses deux bras allongés dans les champs du ciel resplendissent pareils à deux cimeterres, ou semblables à deux serpents vêtus d'une peau nouvelle. Sur la face de ce prince des troupeaux à la prunelle jaune et noir, deux grands yeux ronds luisent comme deux planètes. Tandis que ce lion des singes plane sur la mer, le vent s'engouffre sous ses vastes aisselles avec un bruit de tonnerre. Sa queue, balancée avec majesté, brille dans le ciel comme un drapeau déployé. À la place rouge enflammé de sa croupe, le grand Hanouman resplendit comme la tranchée d'une montagne de minerais d'or. Et les troupes d'oiseaux étonnés forment autour de son corps des guirlandes ailées.

À la vue de ce tigre simien, les ondes entrent en furie, soulevées par l'air qu'il déplace. Les reptiles de la mer, les poissons monstrueux se précipitent affolés. Et la grande ombre qui suit le fils du vent se dessine sur les ondes blanchies comme une file de nuages noirs dans un ciel clair.

Arrivé au rivage ultérieur, le singe immense admire le paysage cingalais : le sol tapissé de jeune gazon d'un vert azuré, les forêts diverses, embaumées du parfum des arbres en fleurs, les montagnes couvertes de grands végétaux, les bois fleuris de pins à longues feuilles, de dattiers, de manguiers, de naucléas, d'ébéniers montagnards et de lauriers-roses odorants, tous cachés sous le poids de leurs fleurs entrouvertes ou épanouies. Il voyait des arbres, la tête balancée par le vent et les branches pleines d'oiseaux, des étangs remplis de canards et de cygnes, couverts de lotus roses et de bleus nélombos.

Derrière la verdure profonde il aperçut Lanka debout sur le front d'une montagne ; elle semblait nager dans le firmament, ceinte de tous côtés, en haut par les masses blanches de ses remparts, en bas par des fossés remplis d'eaux profondes et intarissables, pavoisée d'étendards et de drapeaux, ornée de balcons de cristal ou d'or. Du sol même des fortifications jaillissaient des colonnes d'émeraude et de lapis-lazuli. Des centaines de belvédères dominaient le faîte des maisons.

Ici l'imagination indienne se donne libre carrière pour décrire les splendeurs éblouissantes de la ville des démons qui, comme toutes les villes brahmaniques, a ses prêtres et ses pénitents qui font des prières, chantent des hymnes et lisent les Veda. Le bruit des cérémonies religieuses se mêle au barrit des éléphants, aux cris des soldats et aux rumeurs des orgies. Lanka n'est donc qu'une ville indienne quelconque où des êtres monstrueux et difformes se mêlent à la population et où les maisons sont en pierres précieuses, en or brillant, en perles étincelantes.

Pour ne pas être reconnu, Hanouman diminue son corps, se réduit aux proportions d'un singe ordinaire et attend la nuit pour parcourir les palais et découvrir l'habitation de Ravana où doit être prisonnière la belle Sita.

Il aperçoit enfin un char immense qui est une ville avec ses rues et ses palais, ses cours et ses jardins, ses dômes et ses clochers en haut desquels on entend le « rire » des étendards flottants. C'est le palais de Ravana, plus brillant, plus scintillant que tout le reste de la ville de Lanka.

Ce char avec ses splendeurs caractérise bien une constellation, qui sera encore mieux déterminée quand le poète nous dira que les pléiades de femmes merveilleuses qui entourent le monstre aux dix têtes sont les étoiles filantes tombées du ciel.

Le noble singe trouva Ravana dans son sérail, dormant de ses dix sommeils après les fatigues du plaisir. Les bras multiples de l'être colossal, rougis de santal, sont étendus sur les coussins comme des boas repus.

Des centaines de femmes ravissantes dorment autour de lui. On croirait voir un lac couvert de fleurs de lotus. L'auteur décrit les groupes : les musiciennes étreignant dans leur sommeil les harpes ou les timbales énormes, ou les mains posées sur les tambours font osciller dans le rêve les perles de leurs bras. Les fines tuniques agitées par le souffle des dormeuses vont et viennent, secouées sur les visages. Sur des cymbales, des guitares, des sièges, des lits magnifiques et de riches tapis, les femmes dorment fatiguées des jeux, du chant ou de la danse. D'autres, un bras mis sous la tête, et posées sur de fins tissus, sommeillent, parées de bracelets d'or ou de coquillages. Celle-ci dort sur l'estomac d'une autre, celle-là sur le sein de la première ; elles ont pour oreillers les flancs, les hanches, le dos les unes des autres. C'est «une guirlande tressée de femmes, guirlande aussi brillante qu'au mois de madhava [1], un bouquet de lianes en fleur autour duquel voltigent les abeilles enivrées». Hanouman finit par découvrir Sita, qui a résisté à l'amour de Ravana. Il remet à la belle princesse l'anneau de son époux et va rejoindre ce dernier en faisant pour traverser à nouveau le détroit un bond aussi prodigieux que la première fois. Alors s'ébranle l'armée des singes qui, n'ayant pas tous la vigueur du «fils du vent», sont obligés pour traverser la mer de faire une chaussée gigantesque. Sougriva, le roi des singes, donne les ordres : «Les montagnes, dit-il, et les arbres, et les lianes, et les arbrisseaux même, apportez ici tout promptement.» Le singe Nala est le grand architecte, l'ingénieur en chef, c'est dans ses mains qu'on vient déposer les crêtes de montagnes ou des roches luisantes d'or, et d'autres singes sous ses ordres élèvent ce môle de la mer avec des monts gros comme des villes et des arbres encore tout parés de fleurs et d'où les oiseaux s'échappent avec effroi.

La mer émue, troublée, semblait ivre et comme affolée par ces milliers de travailleurs construisant à la hâte cette longue jetée. Enfin la digue est terminée et brille comme la «raie de chair» qui partage les cheveux sur le milieu de la tête.

Il fallut un mois pour que la multitude des singes pût passer entièrement d'une rive à l'autre, et, quand l'armée simienne fut rassemblée sur le rivage de Ceylan, on aurait dit une autre mer aux ondes jaunes de miel. Alors commença la lutte héroïque, le combat terrible et interminable des singes

---

1. Mois correspondant à janvier-février selon le calendrier lunaire vaiṣṇava.

contre les démons noctivagues, de Rama contre Ravana, lutte qui se termine naturellement par la mort du monstre aux dix têtes. Mais pour avoir une idée de ces efforts gigantesques, de ces traits de courage et de dévouement, de ces incidents fantastiques, de ces transformations féeriques, de cet immense et poétique cataclysme produit par le choc des combattants surhumains, il faut lire le *Ramayana*, le merveilleux poème de Valmiki.

On voit encore entre l'Inde et Ceylan une succession d'îles, d'îlots, de bancs de sable et de pointes de rochers ; au moment où les singes construisaient leur ouvrage, les dieux s'écrièrent : «Tant que cette mer vivra, elle conservera le nom du héros pour lequel on jeta ce môle énorme !» Et en effet maintenant encore cette succession d'écueils s'appelle le *pont de Rama*, malgré les musulmans, nouveaux venus, qui veulent que ce soit le *pont d'Adam*.

C'est là que tous les ans, au mois de janvier, se fait la pêche des perles. Outre les riches marchands qui viennent acheter au hasard les tas d'huîtres perlières dont chacun peut valoir zéro ou vingt mille francs, il y a un grand concours de pèlerins venus pour pêcher les coquilles sacrées appelées *xanxus* qui ont ordinairement leur volute dirigée de droite à gauche, mais ils espèrent en trouver une qui doit avoir ses volutes dirigées de gauche à droite, car c'est dans une semblable coquille qu'un des compagnons de Rama se réfugia pour échapper pendant la lutte à un démon qui allait le dévorer.

On trouve parfois de ces xanxus sénestres ; ils se vendent souvent mille francs pièce, quoiqu'on n'y ait jamais rencontré le divin prisonnier, l'infortuné compagnon de Rama qu'on cherche à délivrer.

# II

# TUTICORIN

Le lendemain, la mer est houleuse ; on se lève tard, on déjeune peu. À onze heures le bateau s'arrête ; on est arrivé. Mais on ne voit que la mer. Pourtant à l'horizon on aperçoit une rangée de petites maisons : c'est Tuticorin.

Le port de Tuticorin n'est pas un port. Le bateau est mouillé à six milles de la ville, et c'est toute une flotte de petites barques à voile qui prennent d'assaut le *Goa*, pour opérer le débarquement des Tamouls.

Pour nous, notre grandeur nous attache au navire. Il ne serait pas décent pour des gentlemen de se risquer dans ces embarcations populaires. On a télégraphié de Colombo pour que la compagnie du bateau envoie une chaloupe, et nous attendons.

Le temps passe, le *Goa* se vide et notre chaloupe n'arrive pas. Ce serait peut-être le cas de s'impatienter, mais à quoi bon ?

Le train pour Madurai est manqué et nous avons jusqu'à demain matin pour visiter la ville, qui d'ici paraît des moins intéressantes.

Enfin voici la chaloupe officielle. Il est cinq heures du soir ! La chaloupe officielle est remplie de marchandises, elle ne quittera le *Goa* qu'après avoir pris d'autres marchandises, total : trois ou quatre heures au moins. Nous nous regardons avec stupeur.

C'est une chose curieuse que les Anglais, toujours si pressés à Londres, semblent avoir beaucoup trop de temps de reste dans leurs colonies.

Notre parti est vite pris. Nous faisons un signe à une des nombreuses barques à Tamouls, et, une heure après, nous sommes reçus au bungalow du gouvernement. Rien que cela !

C'est la première fois que nous avons à utiliser ce genre d'hospitalité. Tout le monde connaît ce système d'hôtelleries que les Anglais ont semées sur les routes des Indes.

Un vaste bâtiment gardé par un indigène est mis à la disposition des voyageurs européens. Mais on n'y trouve ni lit, ni linge, ni table, ni chaise, ni pain, ni cuisine. Cela rappelle tout à fait les *posadas* espagnoles du temps des muletiers. Néanmoins ces sortes de caravansérails rendaient des services aux familles anglaises qui voyageaient dans l'Inde, suivies d'une armée de domestiques emportant avec eux dans des malles gigantesques tout leur confort, ou plutôt les moyens de satisfaire leurs habitudes invétérées. À chaque étape la caravane s'arrêtait, envahissait le bungalow. On déballait les matelas, les chaises pliantes, les tables à charnières, les berceaux des enfants, les boîtes de conserve, le thé, le brandy, les romans de Walter Scott, la pharmacie et le jeu d'échecs.

La nuit terminée, l'armée des domestiques indigènes remettait tout dans les malles, que les chameaux, les éléphants ou les Tamouls transportaient jusqu'au bungalow voisin. C'était la vie des nomades moins la tente, remplacée par une maison.

Mais maintenant que les chemins de fer indiens attirent de nouvelles classes de touristes, les mœurs vont changer et changent déjà.

On nous dit que les dames anglaises, qui sont forcées de voyager avec beaucoup d'accessoires, se servent encore volontiers du bungalow.

Nous qui ne sommes pas des dames anglaises et qui ne

portons dans nos modestes valises aucun des meubles, aucune des provisions indispensables au bungalow, nous demandons si les commis voyageurs d'Europe n'ont pas encore fait leur apparition à Tuticorin et si ces remplaçants des antiques caravanes n'ont pas imaginé et fait créer quelque moyen pratique de ne pas mourir de faim, de sommeil, ou même de froid, car l'air de la mer est très vif et nous sommes au milieu de janvier.

On nous parle d'un hôtel portugais, et nous quittons sans regrets le bungalow du gouvernement.

L'hôtel est une cabane basse composée de trois pièces : un vestibule, une salle à manger et une chambre à coucher. Hélas ! organisation tropicale, tout pour les courants d'air ! Les lits n'ont pas de matelas et n'ont qu'un drap en fait de couverture. Franchement on gèle. Enfin nous finirons peut-être par nous habituer au confortable anglais ou portugais.

On essaye de nous donner à dîner. Le maître d'hôtel se multiplie. Il ouvre au hasard des boîtes de conserve, débouche des fioles de sauces anglaises et mélange tout ça au coup d'œil comme un peintre qui prépare ses couleurs.

Le résultat est complètement nauséabond et immangeable. Heureusement il y a un poulet qui noircit à la fumée depuis qu'on nous a vus entrer. Le poulet, trop cuit et pas salé, peut néanmoins être consommé. Pour terminer la fête on apporte avec solennité une sorte de paquet noir et gras et l'on nous certifie que cela se mange. Nous mettons quelques précautions à goûter ce mets indigène, mais sur ce mot l'hôtelier proteste et déclare que c'est un plat anglais. Enfin, à force d'analyser, non sans quelques haut-le-cœur, ce mortier au goût rance, nous reconnaissons qu'on nous a servi une intention de pudding, tentative culinaire louable, mais qui n'a malheureusement pas été couronnée de succès.

Le lendemain, le froid nous réveille de bonne heure et nous nous élançons à travers la ville, qui paraît à peine sortie du sommeil matinal.

À l'abri de grands arbres se repose une caravane de petits bœufs indiens aux cornes élégantes, au museau fin et possédant comme ornement naturel au-dessus des épaules une fort jolie petite bosse en forme de bonnet phrygien.

Les conducteurs dorment encore dans des postures raidies et contournées. La maigreur de leurs membres à demi nus tient du cadavre, leur peau bituminée rappelle le corps embaumé ; on croirait voir les victimes du Vésuve, telles qu'on les trouve dans leurs poses désespérées, ensevelies depuis des siècles sous la cendre durcie, ou mieux, une collection de momies péruviennes à attitude repliée, posées sur le sol au hasard de la fouille, encore couvertes des lambeaux de linceuls blancs qui les ornaient.

Les momies tressaillent, ouvrent les yeux, bâillent, s'étirent, éternuent, semblent secouer les siècles qui pèsent sur elles, se dressent enfin, rassemblent sur leurs bras grelottants les étoffes du sépulcre et s'accroupissent en plein soleil afin que la chaleur complète la résurrection.

Sur le bord du chemin est un dolmen en pierres brutes. J'ai souvent entendu parler des monuments mégalithiques des Indes. Est-ce que je me trouverais en présence d'un spécimen de l'art préhistorique ?

Non. Ce dolmen est simplement un reposoir, un porte-fardeau. Tout le long des chemins indiens, de distance en distance, se trouvent de ces sortes de monuments, faits en pierres pour que la chaleur humide ne les pourrisse pas, érigés sous de grands arbres pour que les portefaix puissent se reposer à l'ombre, et assez élevés pour que le fardeau ordinairement tenu sur la tête puisse se déposer et se reprendre sans que le porteur ou la porteuse ait à se baisser.

Je suis persuadé que ces sortes d'arcs de triomphe plantés dans la campagne ont dû intriguer plus d'un archéologue. Mais, au fait, est-ce que les fameux dolmens des Indes ne seraient pas…?

Trêve aux suppositions faites sans preuve, et continuons notre route.

Voici la cathédrale catholique. Tuticorin, possédé tour à tour par les Portugais, les Hollandais et les Anglais, compte un grand nombre de chrétiens. On n'y trouve pas du tout de bouddhistes, et la population qui n'est pas catholique est brahmanique.

L'église est recouverte d'un badigeon de chaux tellement blanc qu'elle semble être en neige. Ce lait calcaire a été renouvelé si souvent que les nombreuses allégories sculptées sur la façade sont à peine reconnaissables ; les grandes figures seules font saillie et peuvent être indiquées sur le croquis que fait Régamey ; leur allure mouvementée semble inspirée des dieux dansants que l'Inde aime à reproduire.

Le style, du XVIIIᵉ siècle, est un compromis entre le chirurgesque particulier à l'Espagne et au Portugal et certains détails des temples hindous. La disposition de chapelles autour d'une cour rappelle aussi l'ordonnance des constructions brahmaniques. Et pour compléter la ressemblance, dans un coin de la cour un immense chariot en bois massif, porté sur des roues épaisses et affectant la forme d'une pyramide renversée, est identique d'aspect avec les chars indiens qu'on voit à la porte des temples et qui sont destinés à promener par la ville les statues de Kali ou de Vishnou. Le char que nous avons sous les yeux sert, le jour de la Fête-Dieu, à porter processionnellement le Saint-Sacrement.

Cette confusion de détails catholiques et brahmaniques, ce mélange d'apparences puisées à des sources si différentes, me rappelle l'erreur dans laquelle tomba Vasco de Gama au moment où il venait de découvrir les Indes et qu'il entra pour la première fois dans un temple hindou.

Vasco et ses compagnons, tout en cherchant des voies géographiques, étaient préoccupés de l'idée que les Indes avaient de nombreuses populations chrétiennes qui les aideraient puissamment à faire le commerce des produits de l'Orient. «Nous cherchons des épices et des chrétiens», disaient-ils tout le long de la route aux indigènes dont ils découvraient les pays. Le fait que saint Thomas avait évangélisé les Indes et la légende d'un certain «prestre Jean», qu'ils devaient rencontrer, les entretenaient dans cette illusion de pouvoir découvrir en Orient des peuples chrétiens.

À leur grand étonnement ils trouvèrent beaucoup de musulmans, soit sur les côtes d'Afrique, soit sur les côtes d'Asie. Ce n'était pas tout à fait leur affaire, au contraire, car le Portugal très chrétien était en guerre incessante avec les Maures. Néanmoins ils en profitèrent pour utiliser des interprètes qui parlaient l'arabe, langue connue des Portugais.

Mais lorsque, débarqués à Calicut, ils se trouvèrent en face d'un temple brahmanique, ils crurent enfin avoir rencontré le but de leurs recherches et se prosternèrent avec respect devant les idoles indiennes.

Voici du reste comment les chroniques du temps racontent la chose :

L'église estoit bien de la grandeur d'un grand monastère, toute ouvragée de pierre de taille et couverte de tuyles, qui avoit semblant d'estre par dedans un fort bel édifice. Le capitaine général [Vasco de Gama] fut fort ayse de la veoir et luy fut avis *qu'il estoit entre les chrétiens*. Estant entré dedans avec le catoual, ils furent receus d'uns certains hommes, nudz de la ceinture en haut et au-dessoulz couverts d'un autre rebrassé et sans rien en la teste, avec un certain nombre de filets par dessus l'épaule gauche et mis par dessous l'épaule droite tout ainsi que les diacres portent l'estolle quand ils font l'office.

Il est impossible de mieux représenter le brahme[1] en tenue de prière, mais, grâce à l'idée préconçue, les Portugais croient être reçus par des prêtres catholiques. En effet ces prêtres leur offrent l'eau bénite et leur donnent l'encens.

Le récit continue et l'illusion s'affirme. Ils voient «force images peintes par les murailles». Ces images ont quatre bras et des dents longues, donc ce sont des «diables». Puis ils arrivent au sanctuaire qui est fort exactement décrit:

> En une partie de ce clochier, y avoit une porte d'arain, par laquelle pouvoit entrer un homme, et montoit-on à ceste porte par un degré de pierre. Au-dedans de la chapelle qui estoit un peu obscure, il y avoit une image cachée dedans le mur, que noz gens découvrirent de dehors: car on ne les voulut pas laisser entrer dedans, leur faisant signe que personne ne pouvoit là entrer, sinon les *Cafres*, lesquels monstrant l'image nommoyent sainte Marie.

L'erreur ici était d'autant plus facile que le temple était sans doute consacré à la vierge Maya, mère de Krishna. Ce nom de Maya a été aussi donné à la mère du bouddha Sakya-muni et les Latins avaient appelé Maïa la mère de Mercure.

Et voilà Vasco de Gama et ses compagnons très persuadés qu'ils se trouvaient enfin au milieu des peuples convertis jadis par l'apôtre saint Thomas.

> Alors, pensant le capitaine qu'ainsi fut, il se mit à genoux et les nostres avec lui pour faire leur oraison.

1. Dans toute cette partie de l'ouvrage, cette forme ancienne de *brahmane* et ses variantes, la seule qu'emploie l'auteur, a été conservée. Le Bon emploie *brahmane*. Quant aux termes de la mythologie et de la toponymie, nous nous sommes contentés de les unifier, sans prétendre adopter tel ou tel parti de transcription.

Pourtant l'un d'eux, Jean da Saa, qui avait des doutes, s'écria tout en faisant sa prière :

> Si cela est un diable, je n'entends toutefois adorer, si non un vray Dieu.

Et pour compléter l'exactitude de la description, le narrateur raconte comment les sectateurs de Brahma, à leur tour, firent leurs dévotions…

> … se jetèrent devant la chapelle inclinans la teste tout bas avec les mains jointes par-devant, et ce par trois fois, et après se levèrent et firent leur oraison tout debout.

Ainsi tous les caractères de la religion brahmanique sont on ne peut mieux déterminés, le temple, le costume, le rite, le nom de la divinité. Mais quand on a une idée fixe ! Il fallait trouver des chrétiens, à la rigueur les brahmes faisaient l'affaire. Dès le lendemain les mauvais traitements du roi de Calicut commencèrent à faire revenir les voyageurs de l'erreur où ils étaient tombés.

L'église de Tuticorin, sans être aussi caractérisée que le temple où Vasco fit sa prière, donne néanmoins une certaine impression brahmanique qui peut faire hésiter. L'intérieur, fort sombre, éclairé seulement par les portes ouvertes, rappelle les profondeurs noires des sanctuaires indiens. Le sol est couvert de sable fin, sur lequel les indigènes accroupis font leur prière, drapés dans leurs étoffes blanches. Dans l'ombre, au fond, l'autel tout doré resplendit et jette les éclats étranges des auréoles fouillées qui couvrent les têtes des triades indiennes.

Çà et là de petits enfants tout nus jouent sur le sable. Quelques-uns portent au bas du torse un sacré-cœur de Jésus en argent.

Les vaches qu'on pourrait croire sacrées, les chèvres à l'œil effronté entrent et sortent sans troubler aucunement les dévots qui prient. À l'angle d'un confessionnal, deux femmes du peuple chrétiennes, mais qu'on pourrait facilement prendre pour des bayadères, attendent le prêtre, qui ne tarde pas à se montrer, couvert d'une robe blanche, comme un adorateur du feu sacré.

La vue de cet ecclésiastique me donne l'idée d'aller à la cure, espérant trouver là des renseignements sur les curiosités du pays, s'il y en a.

On m'introduit sous une véranda fort agréable d'où la vue, passant à travers les grandes branches d'arbres séculaires, va se perdre sur la mer. Je suis reçu par un jeune prêtre des missions de Goa. Tout portugais qu'il se déclare, il est évidemment nubien. Son type est très régulier, ses yeux sont superbes, et la blancheur de sa soutane de calicot fait d'autant ressortir l'ébène de son teint.

Il est à remarquer que les métis portugais sont plus foncés que les Indiens du Deccan. Cela s'explique par ce fait que les Portugais ont surtout envahi les côtes du Malabar et ont eu, en somme, peu de relations avec les peuplades de race pure qui habitaient le centre de la presqu'île. Aussi les Indiens proprement dits se trouvent-ils dans la partie centrale que nous allons visiter, tandis que les populations de la cité ouest ont été refoulées ou absorbées par les Africains d'abord, puis dominées par les musulmans, et enfin transformées plus ou moins volontairement par les Portugais.

Par la même raison les beaux temples brahmaniques ne se rencontrent que dans le Deccan ; les conquérants installés sur la longue bande de terre qui borde la mer y ont détruit tous les monuments religieux de l'ancienne croyance.

Avant même que la terrible inquisition de Lisbonne vînt s'établir à Goa pour convertir les Indiens par les procédés pleins d'épouvante qui avaient converti les juifs du Portugal,

31

dès 1545, les persécutions avaient pour ainsi dire détruit le brahmanisme dans les provinces soumises. Souza faisait renverser toutes les pagodes des côtes du Malabar et égorgeait ceux qui venaient pleurer sur les ruines de leurs temples. Nuno da Cunha faisait passer au fil de l'épée tous les habitants de l'île de Daman. Les peuples de Ceylan étaient traités avec la plus affreuse barbarie. Mais la difficulté des communications sauva les habitants du centre de l'Inde de ces atteintes à la foi de leurs ancêtres.

La douce figure du prêtre qui me parle fait un singulier contraste avec les souvenirs historiques que son titre de missionnaire de Goa a rappelés à mon esprit. Quant aux renseignements que je lui demande, il ne peut me les donner pour deux raisons : la première, c'est qu'il ne comprend pas ce que je dis, et la seconde c'est que je n'entends rien à ce qu'il me répond. En effet le noir abbé ne parle qu'indien.

Mais il me fait conduire à l'autre bout de la ville, chez des missionnaires français et italiens, et là je retrouve *le Père*. Tout ce que je puis apprendre en fait de particularité locale, c'est l'histoire d'un prophète religieux qui mourut en 1848 après avoir créé dans les environs une véritable secte.

Muttukutti, c'est son nom, vivait près du cap Comorin, dans le gouvernement de Travancore, dont le rajah, par parenthèse, est de *caste* voleur. Il déclara être une incarnation de Dieu ; sa religion se composait d'un peu de culte démoniaque, d'un peu de brahmanisme et d'un peu de christianisme. À force de faire des miracles, il fit fortune. Ses disciples étaient nombreux, et sa situation sociale lui permit d'avoir six femmes. Encore maintenant son culte s'observe dans certains villages et se célèbre par des chants et des danses. Il avait la spécialité de guérir du choléra, qu'il traitait par les danses religieuses, système de médication qui lui réussit plus d'une fois. Rien ne manqua à sa gloire, car il fut souvent mis en prison.

Après avoir causé avec les missionnaires et pris congé du *Père*, je vais à l'aventure à travers la ville ou plutôt à travers les successions de cabanes alignées qui forment des rues remplies d'un sable épais.

Les maisons sont en pisé peint en blanc ou en jaune et sont recouvertes de feuilles de latanier, tantôt superposées comme des tuiles en forme d'éventails, tantôt serrées en épaisse fourrure de feuilles sèches.

Çà et là, de maigres vergers de palmiers n'arrivent pas à effacer la tristesse générale du paysage. On sent que le désert est au bout de chaque rue. La population, à peine couverte de quelques étoffes, a un aspect morose. Les hommes ont un air sauvage, les enfants au ventre ballonné paraissent malades, et les femmes seules, bien drapées dans leurs indiennes sombres ont des types d'une réelle beauté.

J'arrive à un quartier dont toutes les maisons sont rayées verticalement de rouge et de blanc. C'est le faubourg sacré ; c'est là que les brahmes habitent avec leurs familles ; c'est là que sont les temples. Mais il est difficile de les découvrir. Pourtant une vaste grange également rayée rouge et blanc attire mon attention ; c'est justement le temple de Shiva. À côté, un autre temple un peu plus soigné est consacré à Poulnar, nom populaire de Ganesha à tête d'éléphant. Ce dieu d'ordre secondaire est décidément le favori des Hindous, sa statue soigneusement arrosée d'huile se rencontre aux carrefours des chemins, et ses chapelles sont bien plus nombreuses que celles des autres dieux. Le mythe de Ganesha est assez difficile à définir. L'important pour ses adorateurs est de savoir à quoi *il sert*, et l'on m'apprend qu'il donne la sagesse et par conséquent fait réussir les entreprises commerciales et agricoles.

Du seuil de la porte je vois dans l'intérieur les statues en bois de Garouda à tête d'oiseau et d'Hanouman à tête de singe. Ces images sont promenées dans les processions.

Je me risque à pénétrer dans le temple, mais aussitôt les habitants, qui jusque-là s'étaient tenus parfaitement tranquilles, se précipitent sur moi et m'interdisent de faire un pas de plus. Les vieillards me font comprendre poliment et en exprimant quelques regrets que leur religion n'autorise pas l'entrée des étrangers dans les lieux sacrés ; les hommes de quarante ans m'expliquent que même le gouvernement de la reine d'Angleterre ne pourrait pas imposer la visite d'un infidèle ; et les jeunes gens aux gestes véhéments, aux regards furibonds, me déclarent d'un accent plein de colère que si j'insiste, ils me tueront immédiatement.

Je n'insiste pas.

À mesure que je m'éloigne, le groupe de brahmes forme la haie entre le temple et moi pour être prêt à s'opposer à toute tentative d'invasion.

Par prudence je me retire en marchant à reculons, bien persuadé, du reste, que si je ne commets aucune imprudence, je ne cours absolument aucun danger. Les Européens, s'ils respectent les croyances des indigènes, sont eux-mêmes toujours respectés.

Un dernier regard jeté sur les granges qui servent de temples me fait découvrir, au centre des monuments, les dômes des sanctuaires construits en ciment et d'une ornementation assez riche.

Ayant si mal réussi dans mes investigations du côté du brahmanisme, je me rejette du côté du bouddhisme et je vais au bureau de police. On m'a dit que dans la cour de cet établissement on pouvait admirer un fort beau bouddha en pierre dure.

La cour est vide. Je m'attendais à trouver la statue sur un socle et je ne vois d'intéressant que les cages dans lesquelles on expose les prisonniers aux regards du public. Les cages sont inhabitées. Ici, comme en Chine, comme à Saigon, la punition des délinquants consiste à être vus par les populations.

Arrive le commissaire de police. Il parle anglais et je lui explique l'objet de ma visite.

– Le Bouddha ? s'écrie-t-il en riant, il est là en pénitence.

Et il me montre dans un coin obscur, tout auprès d'un tas de fumier, un splendide bloc de granit, sculpté à la plus belle époque artistique.

– Ce dieu est un malfaiteur, ajoute le commissaire. C'est un fauteur de discordes, un organisateur d'émeutes. Et c'est pour cela qu'on l'a mis au poste. Il a été trouvé à six milles d'ici ; on avait pensé qu'il ferait fort bien l'ornement d'une des places de Tuticorin. Aussi lui fit-on dans le quartier catholique un beau piédestal. Mais lorsque les prêtres chrétiens surent qu'il s'agissait d'ériger une idole indienne, ils s'y opposèrent, et comme on passa outre, l'idole fut renversée pendant la nuit. Trois fois on la replaça et trois fois elle fut mise à terre. La population chrétienne commençait à s'exaspérer. Alors on prit le parti de démolir le piédestal et de le transporter dans le quartier brahmanique. Mais ce fut bien pis. Les adorateurs de Poulnar firent des démonstrations contre l'érection du dieu. Et pour couper court à toute cette surexcitation religieuse, le Bouddha fut mis en prison.

– Pauvre Bouddha ! m'écriai-je.

– Ne le plaignez pas trop. Il est réclamé par les archéologues de Madras, et après une existence mouvementée il trouvera son paradis dans un beau musée.

J'ai juste le temps de déjeuner – si c'est possible – et de prendre le train, déjà manqué la veille. Je remercie le commissaire de ses explications et je cours à l'hôtel, où je retrouve Régamey.

Il n'a pas perdu son temps et me montre un superbe dessin, un vrai tableau, représentant des femmes indiennes puisant l'eau d'une fontaine, et une vigoureuse aquarelle : frères quêteurs, indigènes. Les femmes sont charmantes, les quêteurs effrayants. Les femmes, au type régulier et fin, drapées comme

35

des statues archaïques, couvertes de bijoux, recueillent dans des vases d'airain l'eau qu'elles retirent de la fontaine. Les quêteurs, armés d'un tronc qu'ornent à la fois un cadenas et une image sainte, s'avancent d'un pas incertain, car l'un d'eux est aveugle ; leur type de derviche hurleur jure avec leur dalmatique blanche et leur camail d'évêque. Ces fakirs déguisés en prêtres font un singulier contraste avec ces femmes aux formes pures qui nous font souvenir que nous sommes au pays des perles et des bayadères à l'œil profond.

À la gare, le train pour partir n'attend plus que nous. Oui, c'est heureusement comme cela que les choses se passent. Nous avions envoyé nos bagages d'avance, et ces malles sans voyageurs avaient fait supposer que quelqu'un manquait au convoi.

Charmants, comme on voit, les employés ; mais quels types étranges, quels turbans invraisemblables, quels torses nus recouverts de bandes blanches horizontales ou verticales, quelles draperies multicolores, et quelle démarche solennelle ! Tous grands prêtres. Ils se promènent d'un bout du train à l'autre avec nos colis sur la tête, cherchant un wagon propice. Et, n'en trouvant pas, ils recommencent leurs allées et venues. Il y a sans doute longtemps que ces manœuvres durent, et cela peut durer encore longtemps car, renseignement pris, il n'y a place ni pour nous ni pour nos malles.

Le wagon des bagages n'existe pas, et tous les compartiments sont bondés de voyageurs. Chose singulière, les Indiens voyagent beaucoup. Que faire ?

Une tête amie apparaît à la portière d'une voiture.

– Wagon réservé pour *vous* ! nous crie le secrétaire du gouverneur de Ceylan.

Nous sommes sauvés ! Nous, nos bagages, tout se case. Les employés cessent leur mouvement perpétuel de va-et-vient le long du train. Tous graves, dans des poses hiératiques, attendent le départ.

Mais un homme s'agite encore. Il marche rapide, d'un

pas fiévreux tout le long des voitures ; son duster gris clair en forme de soutane flotte au vent ; son panama aux larges ailes s'agite éperdu, le vaste turban blanc qu'il y a superposé se termine en longues écharpes qui s'élèvent comme les ailes du chapeau de Mercure. C'est *le Père*, qui ne trouve point de place. Nous lui offrons l'hospitalité et le train part.

Le pays parcouru d'abord est absolument désolé. Quelques arbres rabougris et comme tondus par le vent de la mer, de rares lataniers qui persistent à se tenir droits, et puis des plaines stériles à perte de vue. Où sont les forêts étonnantes de l'île de Ceylan ?

Pourtant la contrée paraît de mieux en mieux cultivée et finit par ressembler à la Provence, seulement ce ne sont pas les mêmes plantes dans les deux pays : ici les gommiers remplacent les oliviers, le sorgho tient lieu de blé, et en guise de luzernes on a les cotonniers.

Aux stations je vois des femmes jaunes, ce qui m'intéresse d'autant plus que jusqu'à présent j'ai vainement cherché le groupe humain que les anthropologues ont désigné sous le nom de *race jaune*. J'ai vu les Japonais blancs ou bistrés, les Chinois pâles ou gris, les Malais couleur sépia, les Cingalais bruns, les Malabars noirs, les Indiens bronzés. L'homme jaune ne m'était pas encore apparu. Oui, mais je fais une observation : c'est que ces femmes n'ont que la figure jaune ; serait-ce la jaunisse ? C'est du fard, me dit-on, du fard couleur safran ! Allons, tous les goûts sont dans la nature.

Le train passe quelquefois assez près de monuments bien étranges. Dans les champs, et généralement abrités par des arbres, sont des groupes d'animaux énormes fabriqués en terre cuite, par quel procédé ? c'est à savoir ; des avenues d'éléphants, de tigres, de chevaux grandeur naturelle.

À Sattur j'entrevois des temples hindous aux enceintes rayées rouge et blanc. Les cours intérieures sont plantées d'arbres dont la verdure accompagne admirablement l'architecture de ces vieux monuments ; les larges feuilles des bananiers viennent zébrer de hachures harmonieuses les colonnades de pierre. J'admire l'attitude consciencieuse des gardiens de la ligne. Dans ce pays où tout métier représente une caste, où, pour avoir des employés dans les maisons de banque, il a fallu créer la caste des teneurs de livres et celle des caissiers, chacune reconnaissable à la coiffure spéciale que portent ses membres, dans l'Inde, dis-je, il a fallu forcément, pour pouvoir exploiter les chemins de fer, inventer la caste des aiguilleurs, providence à trois francs par jour, comme disait Gustave Nadaud. Cette nouvelle classe religieuse a dû prendre pour patron quelque dieu de l'Olympe védique, peut-être Skanda, l'Apollon au char lumineux, ou Vishnou Waganon monté sur sa voiture de flammes. Et l'aiguilleur, campé devant le train, accomplit le rite avec conviction, avec le sentiment ému et recueilli d'un prêtre illuminé par les pénitences et qui va voir passer le «dieu». La toilette sacrée a été soigneusement faite ; son turban aux plis savants est irréprochable, sa *chenti* drapée autour des reins, suivant les prescriptions, se termine sur le devant par les bouts flottants que l'être de fer et de feu agitera de son souffle. Les deux drapeaux symboliques, l'un blanc qui veut dire «attention», l'autre rouge qui signifie «arrêtez», sont soigneusement enroulés autour de leur bâton et portés verticalement dans la main gauche.

Le dieu a crié au loin ; il apparaît d'abord comme une mouche, puis il grossit, roule comme un serpent, s'avance comme la flèche. L'homme alors se pose de biais au pied du poteau qui porte la foudre, il étend le bras droit devant l'être terrible qui passe rapide comme Vayu, avec un bruit de tonnerre. Le rite est accompli. Grâce à ce geste fatidique, tout un peuple, que le dieu portait dans ses flancs, a traversé l'espace, et c'est ce simple adorateur qui l'a lancé vers les régions inconnues.

Voilà bien un des exemples de ce que peut la créature la

plus infime! Quelle impression doit ressentir cet homme au moment où il mesure sa puissance, où il sent peser sur sa tête la responsabilité de tout un Olympe!

Sa femme, accroupie dans sa cahute à chèvre, ne voit pas sans effroi ces scènes pleines d'épouvante, et ses enfants, trop jeunes encore, cherchent à comprendre le sens de toutes ces choses étranges.

Le paysage s'anime. Les cultures se resserrent. Les bois sacrés avec leurs idoles deviennent plus fréquents. J'aperçois sur la gauche, dans une enceinte, une immense statue monolithe debout à côté d'un petit monument rectangulaire, le tout ombragé de grands arbres; à droite, sur une terrasse, un groupe de gros chevaux en terre cuite; plus loin, une série de pierres plantées, les unes brutes, les autres grossièrement travaillées. L'horizon s'élève et s'agrandit; d'un côté, de grandes montagnes tourmentées se développent au loin dans la brume comme des amoncellements de nuages; de l'autre, plusieurs plans de rochers découpés en dents de scie reproduisent indéfiniment les mêmes silhouettes; et comme les uns sont éclairés et les autres non, il semble qu'une des chaînes soit l'ombre de l'autre.

À mesure qu'on s'approche de Madurai, la contrée devient plus boisée. Il y a de fort beaux groupes de palmiers, de cocotiers élégants et d'énormes ficus aux branches contournées. Toute cette végétation est parsemée de petits temples ioniques tout blancs, d'autels sacrés et d'idoles noircies par l'huile et toutes luisantes. Les rivières courent sous les arbres. Tout est riche, plantureux et frais, inspiré, sanctifié. On sent que c'est un pays où les dieux viennent souvent, comme sous les ombrages de la Grèce antique. À Tiruparrangunram, sur un vaste rocher, sont semés des dais de pierre dont les colonnes laissent entrevoir des bœufs de marbre noir ou des cavaliers de granit aux larges coiffures. Au centre d'un étang sacré entouré de degrés de marbre, un petit édicule carré contient une idole qui se mire dans l'eau brillante. Sur les bords, un grand pylône sombre précède un temple. Les dieux sont partout : ils habitent la forêt comme le village. Ici l'homme ne peut faire un pas sans se trouver en face d'un mystère.

Enfin on aperçoit au-dessus des cocotiers les hautes tours sacrées de Madurai. Nous sommes arrivés à un des points les plus intéressants du voyage.

# III

# MADURAI

À la gare nous trouvons un bon dîner, mais pas de chambre.

Il n'y a pas d'hôtel dans la ville. Peut-être que dans un faubourg écarté se cache le bungalow du gouvernement, mais nous ne serions pas plus avancés de nous y faire conduire puisque nous n'y trouverions ni lit ni cuisine.

Mieux vaut s'établir à la gare, dont le *cook* est fort recommandable.

Le secrétaire du gouverneur de Kandy, en prenant congé de nous car il va loger chez un ami, nous engage à passer tout simplement la nuit dans le train, qui reste en gare jusqu'au matin.

Nous suivons son conseil et nous nous endormons à la clarté de la lune, qui est rose, et sous la garde de nombreux moustiques, armés comme des janissaires.

À cinq heures il faut s'empresser de quitter sa chambre, car le train va partir pour Tinuchirappalli : nous sautons sur la voie, et pendant que nous nous frottons les yeux, notre domicile se sauve et disparaît.

Il fait encore nuit. Les étoiles resplendissent ; la constellation de la Grande Ourse est superbe et assez élevée dans le ciel, mais l'étoile Polaire est presque à l'horizon. Je me retourne et je vois la Croix du Sud qui me désigne l'autre point fixe autour duquel tourne tout le système céleste. Je ne sais pourquoi j'éprouve une sorte de vertige en voyant à la fois les deux bouts de l'essieu invisible qui sert de centre à l'univers.

Le jour apparaît presque subitement et nous partons à l'aventure pour visiter la ville.

Nous suivons d'abord une superbe avenue de grands figuiers aux troncs multiples. À un carrefour l'avenue tourne et conduit à la ville, construite en pleine forêt de cocotiers. C'est ravissant. À ce carrefour, qui est une des limites de la cité, on a religieusement installé une statue de Ganesha à tête d'éléphant. Parmi ses nombreuses attributions, ce fils de Shiva a la spécialité de garder les frontières; c'est le dieu des confins et des portes de villes, ouvertes en temps de paix et fermées en temps de guerre. À l'entrée des maisons il a son laraire où on le choie; c'est le Janus indien. Celui que nous voyons est en granit et tout luisant de l'huile dont on l'a arrosé avant l'aurore; c'est comme un bronze mouillé aux reflets noirs et brillants; les éclats du jour qui passent sous le feuillage arrachent de ses contours des étincelles et font çà et là des plaques de lumière aveuglante: c'est une idole pétrie d'encre et de soleil.

Nous entrons dans la ville, et nous voilà tout d'un coup à Athènes ou dans quelque cité de la Grèce antique. Toutes les maisons, ombragées de grands arbres, sont précédées d'un portique soutenu par d'élégantes colonnes ioniques. Les hommes drapés de blanc, les femmes vêtues d'étoffes sombres aux plis harmonieux, sont les uns et les autres couverts de bijoux étincelants.

Un groupe de jeunes filles autour d'un puits est comme pailleté de cuivreries lumineuses et de bracelets resplendissants. Les yeux, les dents, les boucles d'oreilles, les pierreries suspendues aux narines, les fleurs dans les cheveux brillants, l'eau qui ruisselle, tout scintille dans la masse sombre produite par les chairs brunes et les draperies foncées. C'est Athènes passée au cachou, les porteuses d'amphores du Parthénon brûlées par les tropiques.

Pour le moment, *le Père* nous sert de guide. Il est à la recherche des missionnaires de Madurai, et nous le suivons, car il est intéressant de faire connaissance avec cette mission célèbre qui, avant qu'aucun Européen eût parcouru le centre de l'Inde, avait déjà fait sentir avec puissance l'influence des idées chrétiennes et fait connaître avec avantage la grandeur de la France.

Lorsque les Portugais s'établirent aux Indes, ils imposèrent le christianisme sur tout le littoral, mais ne purent introduire au cœur de la péninsule ni leurs idées ni leur domination. Saint François-Xavier lui-même ne put convertir que les peuplades des pêcheurs de la côte et les castes les plus basses de la société indienne.

Ce fut justement le succès de l'apôtre des Indes auprès des déshérités de ces pays orientaux qui rendit impossible à ses successeurs toute réussite auprès des autres castes. L'horreur que les cruautés européennes avaient inspirée aux Indiens était augmentée par la fréquentation des missionnaires avec les basses classes, et tout prêtre qui cherchait à pénétrer dans l'intérieur était repoussé comme impur ou massacré comme dangereux.

Ne voulant pas renoncer à proclamer la foi dans ce pays récalcitrant, le P. Robert de Nobilibus, parent du pape Marcel, eut une idée étrange qui fut immédiatement mise à exécution.

On vit, un jour, venir de la Perse des hommes religieux qui se disaient *brahmes du Nord*. Ils n'écrivaient que le persan et ne parlaient que le persan. Leur costume était celui des pénitents *sanias* de la secte de Shiva. Comme eux ils se couvraient la poitrine et les cheveux de poudre de santal; comme eux, ils frottaient de bouse de vache le seuil de leur demeure. Puis d'autres religieux arrivèrent, venant un peu de tous les côtés, mais tous parlant purement les idiomes de l'Inde. Sans leur teint un peu trop blanc, ce qui caractérisait du reste les hommes du Nord, on aurait pu les prendre pour des natifs du Deccan.

Leur manière de marcher, de s'asseoir, de se lever, de saluer, de manger, de dire oui en balançant la tête de gauche à droite, de dire *non* en levant le menton, leur costume composé d'une seule pièce d'étoffe, leurs ablutions dans les étangs sacrés, leur attitude dans la prière, leur nourriture qui se réduisait à une tasse de riz et, détail plus caractéristique encore, leur sandale brahmanique surélevée et retenue au pied par un bouton que saisit l'orteil, tout indiquait chez ces dévots personnages qu'ils étaient depuis l'enfance accoutumés aux mœurs indiennes, et rien chez eux ne trahissait le Franguis, l'immonde Européen qui mange la chair des animaux.

Eh bien, ces sanias irréprochables, ces brahmes sectateurs de Shiva étaient tous des pères jésuites, et, pour la plupart, des jésuites français ! C'était là l'invention ingénieuse du P. de Nobilibus.

Ces missionnaires déguisés se présentaient donc au nom des croyances déjà établies dans les Indes et ils n'avaient pas de peine à trouver dans les Veda, dans les livres sacrés, les démonstrations en faveur du Dieu unique, de la trinité, de la Vierge mère, de l'incarnation, de l'immortalité de l'âme, des récompenses futures, etc. Ils rencontrèrent même tant de ressemblances entre les dogmes brahmaniques et les idées chrétiennes qu'ils n'hésitèrent pas à déclarer que les livres indiens étaient un reflet éclatant de la révélation primitive, et ils se mirent à rechercher dans les livres sanscrits les traces de la Bible.

Aussitôt ils comparèrent la Genèse dans les deux littératures, et chaque phrase leur fournit un point de parenté : Brahma fut Abraham, Sarasvati, sa femme, devint Sarah. Et en continuant les recherches, ils trouvèrent entre l'influence de Krishna et celle de Moïse des coïncidences frappantes, entre l'aventure de Myriam, sœur de Moïse, et l'histoire de la déesse Lakshmi, la Vénus indienne, dansant au sortir de l'eau, des rapports singuliers… On voit que les révérends pères furent alors les créateurs de cette école d'exégètes qui veulent, à tout prix, assimiler les livres révélés des différentes religions ; et si maintenant les croyances européennes se sentent attaquées par ces comparaisons, le plus souvent exagérées, elles peuvent s'en prendre aux promoteurs du système.

C'est à Madurai que s'établit le centre de ces missions singulières. Le district touchait à de nombreux petits royaumes, et la propagande repoussée sur un point pouvait facilement se reporter sur un autre. On espérait ainsi peu à peu étendre le cercle et rejoindre insensiblement les chrétiens du littoral.

Ces missionnaires eurent un certain succès. La vie austère des prêtres chrétiens inspirait le respect, leur dévouement attirait les âmes, et les miracles nombreux qui marquaient leur passage leur amenaient une grande partie des populations.

On pensa que le bréviaire était un livre cabalistique qui donnait toute-puissance, et les huiles saintes passèrent pour des essences de sorcellerie. Les malades de corps ou d'esprit étaient guéris par la simple présence des *brahmes du Nord*, et les possédés du démon qui se convertissaient étaient immédiatement calmés. Aussi, quand les pasteurs hollandais essayèrent plus tard de donner aux Indiens quelques idées des dogmes chrétiens, on leur ferma la bouche par ces mots : « Faites des miracles ! »

Les résultats obtenus par les jésuites ne tardèrent pas à leur susciter des ennemis, surtout parmi les brahmes véritables, qui comprenaient bien qu'ils n'avaient pas affaire à des coreligionnaires. Mais telle est chez les Indiens la tolérance pour les idées religieuses – à la condition qu'on respecte leurs mœurs et leurs usages – que l'accusation d'attaque aux croyances fut insuffisante pour amener la persécution des pères. Alors on eut l'idée de dire sous main que les nouveaux missionnaires étaient riches et cachaient leurs trésors : aussitôt eux et leurs catéchistes furent soumis aux tortures.

Il faut admirer vraiment le courage et la foi de ces hommes, qui affrontaient les dangers d'un climat mortel, se vouaient aux privations les plus cruelles, aux fatigues d'un apostolat plein de difficultés, et, le cœur serein, marchaient au-devant des supplices.

Ce n'était donc pas sans un vif intérêt que nous allions à la recherche des successeurs de ces apôtres des siècles passés.

Nous arrivons à l'église, qui est toute neuve. La mission n'est représentée que par un père, limousin de naissance, et qui a présidé à la construction. Il va du reste quitter Madurai, maintenant que l'église est terminée. À toutes nos questions sur le pays que nous voulons visiter, sur les monuments antiques de la ville, sur les mœurs des habitants, il nous répond avec un fort accent de terroir :

– Je ne sais pas. Je suis maçon.

Pourtant il nous procure un guide, un jeune chrétien qui sait l'anglais et porte ostensiblement un scapulaire sur sa poitrine nue.

Il nous mène d'abord à l'ancien palais des rajahs de Madurai, vaste ruine dont une partie a été restaurée pour y loger des services publics. Le gouvernement anglais avait envie de raser complètement ces restes immenses dont les murailles colossales ont à plusieurs reprises servi de refuges et de barricades aux révoltés ou aux ennemis ; mais les natifs ont réclamé et ont contribué de leurs deniers aux réparations nécessaires. On y a déjà installé le conseil municipal et les cours de justice.

Le style de l'édifice est plutôt arabe qu'indien. La tradition veut qu'il ait été construit par des architectes italiens, peut-être vénitiens. Malgré ce qu'en ont dit tous les voyageurs qui ont parlé de ce monument, il m'est impossible de retrouver la moindre réminiscence d'architecture européenne.

Dans la cour principale, entourée de fort belles colonnades, c'est un concert assourdissant de perruches vertes qui peuplent les corniches et se poursuivent en l'air en poussant des cris de joie.

Lorsqu'on monte sur les vastes terrasses qui couvrent le monument, on se trouve en présence d'un spectacle fort curieux. Les dômes nombreux qui couvrent les salles font comme une ville d'édifices étranges. Les toitures se succèdent comme des rues et des places, et au bout de cette cité suspendue commence la série des ruines à perte de vue, murailles, tours, salles éventrées, colonnades fuyant sous les voûtes béantes. Tout autour, le paysage est verdoyant et pittoresque, belles montagnes et grands arbres.

D'un côté s'étend la ville dominée par les *gopura* des temples, hautes tours coniques, qui élèvent jusqu'au ciel la profusion de sculptures et d'idoles qui les recouvrent entièrement.

On voit, par l'immensité de ces restes du palais, qu'il s'étendait autrefois sur une surface considérable. C'était un véritable labyrinthe de salles, de colonnades, d'étangs, de bois, de chapelles, de pavillons dispersés çà et là ; on y voyait des cirques pour les jeux de gladiateurs ou les combats de tigres et d'éléphants ; ces espaces contigus aux appartements des rajahs étaient dominés par des salons ouverts d'où l'on apercevait les sanglants spectacles. D'autres loges élevées dans des tours permettaient de suivre du regard les processions sacrées qui se déroulaient par la ville les jours de fêtes religieuses, entraînant dans leurs replis les chars immenses qui s'élevaient dans l'air comme des temples animés.

Du temps du rajah Tiroumalaï-Naïk, le palais n'était peuplé que d'eunuques et de belles Indiennes, dont on comptait plusieurs milliers.

Lorsque la cour des rajahs fut transportée à Tinuchirappalli, non seulement le palais fut abandonné, mais on en emporta toutes les parties précieuses, les colonnes sculptées, les statues, les piliers de basalte, les monolithes de porphyre, etc. Tout en préparant les splendeurs de la nouvelle résidence, on organisait les ruines imposantes que nous admirons.

Pendant que *le Père* contemple les ébats des perruches vertes, nous sautons dans une voiture de place attelée de deux petits bœufs à bosse, et nous partons au galop à travers la ville. Nous avons notre idée.

Nous voulons voir des bayadères !

Les danseuses sacrées de Madurai ont une réputation. Or un personnage important de Colombo, touché des difficultés que nous avions rencontrées dans cette ville pour arriver à voir seulement le bout du doigt d'une toute petite bayadère... nous a donné une lettre d'introduction auprès d'un brahme de Madurai.

Le brahme est dans son *atrium*, sorte de vestibule éclairé par le haut. Il nous regarde à peine et cause accroupi dans un coin, avec d'autres brahmes, qui feuillettent des livres sacrés écrits sur des feuilles de latanier. Instruit par notre jeune chrétien du but de notre visite, il pose à côté de lui, sans la lire, la lettre que nous lui remettons, et continue sa conversation en nous indiquant d'un geste que nous pouvons nous asseoir sur une balançoire qu'il nous montre du doigt. Ceci n'est pas une plaisanterie, le canapé qui nous est offert est suspendu aux poutres du plafond, et à chaque mouvement que l'on fait, il oscille en donnant une sensation de fraîcheur. C'est une sorte de lit-*panka*, un sopha-éventail.

Nous nous asseyons résignés. En songeant à tous les déboires que nous avons eus jusqu'à présent à propos de danseuses exotiques, l'expression parisienne nous vient à l'esprit et nous commençons à craindre que la balançoire à laquelle le brahme nous envoie ne soit le seul résultat de notre démarche.

Pourtant nous ne perdons pas tout espoir, et pendant que

je constate d'une main fébrile que mon carnet de notes est bien dans ma poche, Régamey aiguise ses crayons.

Les personnes qui ont lu des relations de voyage aux Indes doivent être étonnées de cette curiosité de danses indiennes qui nous tient de la sorte. Elles savent que dans ces contrées on rencontre des bayadères à chaque pas que l'on fait ; qu'à tout moment on se heurte à des théories de danseuses, qui célèbrent par leurs mouvements gracieux la gloire de Brahma ou de Vishnou ; et cela non seulement dans les temples, dans les palais, mais aussi dans les rues, sur les places, au coin des bois.

Hélas oui ! Tout nous fait croire qu'il en était ainsi autrefois. Mais depuis que les touristes indiscrets et trop généreux encombrent le globe, on cache les danseuses. On ne les laisse entrevoir qu'à prix d'or. Et c'est partout comme un mot d'ordre : à Alger, à Isnêh, au Caire, aux Indes, la danseuse est une rareté : le plus souvent, quand on a offert une fortune pour un entrechat, on vous montre une danseuse qui ne danse pas.

Après une longue attente dont nous cherchons vainement à raccourcir la durée en déclarant à plusieurs reprises que nous sommes pressés, les saints personnages consentent à nous offrir de faire danser les bayadères, chez eux ce soir, mais ils ajoutent que ça coûtera bien… ici un chiffre que j'ai oublié, mais qui me parut des plus imposants. Nous demandons à réfléchir et nous prenons congé.

Dans la rue nous trouvons un groupe nombreux de jeunes gens, tous brahmes, disent-ils. Types superbes, les jambes enveloppées dans des flots de mousseline blanche, le torse nu, la tête à demi rasée et le front peint de barres horizontales. Ils se mettent à notre disposition et ne cachent pas l'indignation qu'ils éprouvent en apprenant le prix que nous a réclamé le vieux brahme. Mais quand nous leur demandons les moyens d'arriver au résultat que nous cherchons, les réponses deviennent évasives.

Si bien que, ne sachant quel parti prendre, nous retournons à la gare pour déjeuner.

Là nous recevons la visite du secrétaire du gouverneur de Kandy. Il paraît que l'ami chez lequel il est logé est aussi notre ami, ou du moins désire le devenir. C'est le juge de la ville, et nous avons fait la traversée du Pacifique avec sa sœur, dame très musicienne, pour laquelle j'ai composé, chemin faisant, quelques morceaux de chant ; dans ses lettres elle a parlé de nous à son frère, qui depuis plusieurs mois nous attend au passage et nous veut à dîner ce soir. Tout est pour le mieux.

Puisque notre compagnon de voyage est revenu à nous, c'est bien le cas de raconter à notre providence habituelle les ennuis que nous avons à propos des danseuses.

– Vous voulez voir des bayadères ? C'est bien simple.

Et, s'adressant à un officier du gouvernement qui l'accompagne, orné d'un grand cimeterre et coiffé d'un turban rose, il lui donne l'ordre d'aller prévenir le grand prêtre du temple pour qu'il fasse préparer au plus tôt musiciens et danseuses.

– Vous lui donnerez quelques roupies, nous dit-il, et ce sera très suffisant.

Comme on voit, c'est bien simple. Mais tout le monde n'a pas à son service un officier du gouvernement coiffé d'un turban rose.

Pour plus de sûreté, en nous rendant au temple, nous passons chez le grand prêtre, qui s'attendait sans doute à notre visite, car nous le trouvons dans sa salle de réception, entouré de serviteurs portant les insignes de sa dignité, c'est-à-dire un grand *flabellum* en feuilles de latanier et deux masses dorées montées sur des bâtons. La salle de réception manque de luxe, les murs sont à peine crépis et la terre est nue. Le grand prêtre, un peu obèse, a le torse nu et les jambes drapées de mousseline blanche.

L'entrevue est des plus sommaires. On se serre la main, on s'assoit ; on dit deux mots des danseuses, on se lève, on se serre la main, et tout est dit. La politesse est faite. Mais les bayadères sont à leur toilette et ne seront prêtes que dans trois heures. En attendant, nous visitons le grand temple. En avant du temple est un monument fort beau et qui jouit d'une certaine célébrité. C'est le *Tchoultry* ou, comme disent les Anglais, le *Spring Hall* de Madurai. Qu'on se figure une immense salle à quatre rangées de colonnes monolithes, ornées d'énormes reliefs plus grands que nature et taillés dans le bloc même.

À l'entrée, les piliers représentent des cavaliers dont les chevaux se cabrent. C'est fort décoratif. Malheureusement le mur de fortification est à quelques mètres en avant et ôte à cette façade la perspective qu'elle devrait avoir.

Langlès, dans ses *Monuments de l'Hindoustan*, raconte de quelle manière cette immense salle fut construite. On creusa en terre des trous à des distances fixes les uns des autres, et jusqu'à ce que l'on eût atteint le sable naturellement bétonné qui sert de sous-sol, on plaça dans ces trous les piliers, qui n'étaient composés que d'une seule pierre d'abord grossiè-rement taillée ; ces piliers ne furent sculptés qu'après qu'on les eut tous distribués et mis en place. Quand les ouvriers ne trouvaient ni sable ni gravier, ils en apportaient dans les trous avec de la terre, et battaient bien ce mortier avant d'y plan-ter les colonnes qui ont sept mètres de haut et soutiennent des chapiteaux composés d'un nombre de pierres suffisant pour diminuer la largeur du plafond : elles le rétrécissent en effet sensiblement et ont ainsi permis de couvrir l'édifice de dalles relativement légères.

Examinons un peu les sculptures énormes et compliquées qui ornent chacun de ces monolithes.

Les piliers qui sont au centre représentent les portraits des rajahs de Madurai ou les légendes dont ils ont été les héros. Les piliers adossés au mur donnent l'image des divinités par-ticulièrement honorées par ces rajahs. J'y reconnais le dieu

Nadessa, la jambe en l'air, Kali, la déesse de la destruction, Vishnou et Shiva sous les formes locales d'Artemariswara, Parazeti, Bourouma, etc., formes qui sont certainement d'anciens dieux autochtones qu'on a assimilés à Shiva ou Vishnou à l'époque de la grande unification brahmanique.

Sur le second pilier à droite, on voit Tiroumalaï-Naïk. Autour de lui sont ses quatre femmes dans une attitude soumise et les mains jointes ; sur le socle, et de dimension moindre, on a sculpté le portrait de ses plus belles concubines. Une de ses femmes légitimes a sur la cuisse droite une blessure, faite par son gracieux époux : c'était la fille du rajah de Tanjore ; et lorsque son mari lui demanda comment elle trouvait le nouveau tchoultry qu'il venait d'édifier, elle répondit d'un air dédaigneux qu'il était à peine aussi beau que l'écurie de son père. Tiroumalaï voulut la tuer, mais le poignard ne porta que sur la jambe. Les sculpteurs, empressés d'être des historiens fidèles, reproduisirent aussitôt sur la cuisse de pierre la blessure que la jeune femme venait de recevoir.

Pour le moment cette immense basilique est un bazar ; elle est encombrée de boutiques. Dans l'une d'elles nous trouvons des vases en cuivre fort élégants ; et comme nous faisons mine de les toucher pour les voir de plus près, le marchand pousse des cris désespérés. On nous explique que tout vase touché par un Européen devient impur et ne peut servir à aucun Indien. Nous avons donc failli par un mouvement inconsidéré ruiner entièrement le malheureux marchand, dont toute la provision devenait invendable par notre seul attouchement. Le même désastre aurait pu arriver si nous avions seulement éternué devant sa marchandise. Voilà, en somme, la vraie religion de ce peuple étouffé de superstitions ; on peut sans grand inconvénient détruire ses livres saints, renverser ses idoles, mais si l'on touche à sa batterie de cuisine, tout est perdu !

Un missionnaire du siècle dernier raconte qu'ayant trouvé

dans sa chambre à coucher une statue de Poulnar qui le gênait pour dire la messe il la jeta à terre et mit à la place un crucifix. Le brahme, qui venait tous les matins arroser l'idole et la parer de fleurs, ne se déconcerta nullement en présence du dieu gisant sur le sol ; il reporta ses dévotions sur le crucifix qu'il arrosa, et le couvrit de fleurs ; sa religiosité était satisfaite, et le dieu debout indiquait suffisamment par son attitude qu'il était supérieur au dieu tombé. Ce même brahme si accommodant n'aurait jamais consenti à manger son riz en présence du prêtre étranger.

Après avoir traversé le Tchoultry dans sa longueur, nous nous trouvons en face de l'entrée du grand temple, dans lequel on pénètre par quatre immenses gopura disposés aux quatre orientations.

La tour qui est devant nous est célèbre par la mort de Tiroumalaï-Naïk, lequel, après avoir comblé le clergé brahmanique de ses bienfaits, fut assassiné par les brahmes dans cette tour même.

Ce roi auquel Madurai doit ses embellissements les plus remarquables, qui fit construire presque tout le palais, agrandit le temple et bâtit le Tchoultry, avait un grand goût des choses religieuses. Ainsi, quand il établit le splendide Spring Hall, ce fut à la condition que, dix jours par an, la statue de la déesse Meenakchi y serait déposée. Il fut donc facile à un missionnaire chrétien déguisé en brahme selon l'usage, de prendre sur l'esprit du roi un grand ascendant, si bien qu'il le convertit au christianisme et lui fit déclarer qu'il ne donnerait plus un sou pour la construction des temples ni pour les charités religieuses faites d'après les usages hindous. Les brahmes furieux résolurent de tuer le rajah. Deux ou trois d'entre eux vinrent le trouver pour l'informer avec grand mystère qu'ils avaient découvert un trésor dans une des voûtes du gopura et que, s'il voulait se joindre à eux, ils l'en rendraient possesseur ; ils ajoutèrent que l'expédition devait se faire sans témoins et que le roi ferait bien de n'être accompagné par personne quand il viendrait enlever le trésor. Tiroumalaï, qui était assez naïf, n'eut aucun soupçon et se rendit au temple avec eux. Dès qu'il fut entré dans la salle voûtée, les prêtres laissèrent tomber une large pierre qui fermait l'entrée, et le monarque mourut de faim (1659). Les brahmes proclamèrent que le roi avait été enlevé par la déesse, et le souverain passa à l'état de dieu, absolument comme les empereurs romains qui mangeaient certains champignons.

Il n'est pas très facile de savoir exactement le nom et le rôle du dieu auquel on a élevé le temple.

Les anciens missionnaires l'appellent Chokanaden et disent seulement de lui que c'est une idole. Blackader, dans son *Archæologia*, le nomme Chaka-madem ou Chaka-lingam. Langlès rectifie et dit Chakanaden; et les Malabars appellent ainsi le dieu Isouara ou Isouren. Dans une lettre écrite en 1641 au P. de Ravignan par le P. Bertrand de la Compagnie de Jésus, on trouve le nom Sokka-lingam ou simplement Sokker; sa femme Meenakchi n'est visitée par lui qu'une fois par an, mais il a de nombreuses concubines, Madadéial, Piriidéial, etc. *Le Père*, fort indigné de cette conduite irrégulière, ajoute que tous ces noms sont infâmes dans leurs significations, et il est fort heureux qu'il ait dévoilé les turpitudes du dieu, car ce sont justement ces infidélités à dates précises qui nous donneront la clef du mystère. Les notes rédigées pour le prince de Galles quand il fit son voyage aux Indes nous donnent pour le dieu de Madurai le nom de Sunda-lingam, qu'on traduit par *Beautiful lingam* ou Sundareshwaran, *the Beautiful God* et la *Goddess* Minakchi. Le voyageur E. Cotteau ne donne que le nom de Minakshi, qu'il traduit par «œil de poisson», et qu'il indique comme le surnom de la déesse Parvati, femme de Shiva; les Grecs avaient dit : Minerve aux yeux glauques.

Quant à moi, je recueille deux explications qui me paraissent résumer toutes les autres : 1° le dieu est Tchoukéligam – j'écris comme on prononce – ou Soundereïsourah, le dieu des dieux ; sa femme est Meenakchi, la déesse du ciel… et des poissons ; 2° le temple est dédié tout particulièrement à la grande Meenakchi-aman, déesse du ciel, épouse de Sokker, le ciel qui, une fois par an, fait sa conjonction avec la déesse dans la constellation des poissons. Cette seconde explication, plus claire que la première, concorde avec elle, car *Sokker-lingam* et *Soundereïsourah* («le splendide Seigneur») ne sont qu'une épithète ajoutée au nom du dieu. Nous sommes donc en présence d'un mythe astronomique qui est interprété d'une manière phallique au moyen du lingam de Sira, et ce «Sokker» pourrait bien être un peu parent du Phtah-Sokker des Égyptiens, le Sokkaris des Grecs.

On pénètre dans le temple par un vestibule tout à fait sombre, encombré de boutiques à droite et à gauche. Puis on entre dans un large hypostyle à colonnes qui traverse la grande cour. Le temple a une seconde enceinte, dont nous faisons le tour, en passant à gauche pour voir de près un charmant édicule qui sert d'abri à un éléphant sacré. C'est une femelle, nous dit-on, qui a horreur des étrangers. En effet, notre vue la met en fureur, elle agite les oreilles, lève la trompe, pousse des cris épouvantables et cherche à se dégager des lourdes chaînes qui retiennent ses pieds.

Devant nous s'élève un second gopura, surchargé dans toute sa hauteur de scènes sculptées. Ce sont les légendes du *Mahabharata* et du *Ramayana* qui fournissent les sujets de ces groupes. Ce prodigieux entassement d'idoles n'est pas en pierre, quoi qu'en aient pu dire de nombreux archéologues trompés par l'apparence. Paterson, entre autres, y a constaté des blocs de trente-deux pieds de longueur. Tout ce revêtement à relief est en briques recouvertes d'un stuc (*tchouna*) qu'on peut polir comme le marbre.

Parmi les animaux fantastiques qu'accompagnent les dieux représentés, quelques-uns s'animent, s'élancent, gambadent, se poursuivent et, à notre approche, grimpent jusqu'au sommet de l'immense tour. Mais ceux-là ne sont pas en tchouna : ce sont les singes consacrés au temple. Leur nombre a été un moment tellement considérable qu'on fut obligé de les attacher sur des charrettes à bœufs et d'aller les perdre dans les forêts de la montagne. Il y a un poème à faire sur l'exil des dieux quadrumanes.

Derrière nous se dresse à l'entrée le premier gopura, dont nous n'avions pas pu apprécier la beauté, à cause du peu de dégagement qu'il y a autour de la première enceinte. Ses quatorze étages sont recouverts de colonnettes et de personnages en stuc.

Ce gigantesque clocher pyramidal a cinquante mètres de haut. Cette élévation inaccoutumée a été parfois mise à profit pour rétablir la paix entre les brahmes. Lorsque les querelles devenaient trop vives et menaçaient d'amener de graves complications, un dévot montait sur la tour et déclarait que, si l'on ne se mettait pas d'accord, il se précipiterait. Généralement, la crainte de faire retomber sur leur conscience le sang de leur semblable forçait les spectateurs à faire la paix. Mais il est arrivé que, les parties ne voulant pas s'entendre, le dévot se tuât devant la foule, et alors sa mort volontaire a toujours amené la conciliation.

Cette manière d'effrayer les autres par le mal qu'on peut se faire à soi-même rappelle la coutume du talion volontaire, très pratiqué par les membres de la caste des voleurs.

Le P. Martin, de la Compagnie de Jésus, donne de curieux renseignements sur cet usage. Dans une lettre écrite en 1709 du Marava, pays des voleurs, il raconte que pour voyager on se fait accompagner par un homme de la caste.

C'est une loi inviolable, dit-il, parmi ces brigands de ne point attenter sur ceux qui se mettent sous la conduite de leurs compagnons. Il arriva un jour que, quelques-uns d'eux voulant insulter des voyageurs accompagnés d'un guide, celui-ci se coupa sur-le-champ les deux oreilles, menaçant de se tuer lui-même s'ils poussaient plus loin leur violence. Les voleurs furent obligés, selon l'usage du pays, de se couper pareillement les oreilles, conjurant le guide d'en demeurer là et de se conserver la vie, pour n'être pas contraints d'égorger quelqu'un de leur troupe.

S'il survient une querelle entre eux et que l'un d'eux s'arrache un œil ou se tue, il faut que l'autre en fasse autant. Ils étendent cette cruauté jusque sur leurs propres enfants. Le missionnaire continue :

Il n'y a pas longtemps que, à quelques pas de cette église d'où j'ai l'honneur de vous écrire, deux de ces barbares ayant pris querelle ensemble, l'un d'eux courut à sa maison, y prit un enfant d'environ quatre ans et vint, en présence de son ennemi, lui écraser la tête entre deux pierres. Celui-ci, sans s'émouvoir, prend sa fille, qui n'avait que neuf ans, et lui plonge le poignard dans le sein.

« – Ton enfant, dit-il ensuite, n'avait que quatre ans, ma fille en avait neuf, donne-moi une victime qui égale la mienne.

« – Je le veux bien, répondit l'autre.

« Et, voyant à ses côtés son fils aîné qu'il était près de marier, il lui donne quatre ou cinq coups de poignard, et, non content d'avoir répandu le sang de ses deux fils, il tue encore sa femme pour obliger son ennemi à tuer pareillement la sienne. Enfin une petite fille et un jeune enfant à la mamelle furent encore égorgés.

La cour intérieure du temple est entourée de galeries à colonnes, et sa surface est entièrement occupée par une immense pièce d'eau carrée, à laquelle on descend par un escalier large de tout un côté du carré. C'est comme un vaste *impluvium*.

Les pèlerins nombreux procèdent à leurs ablutions et forment dans l'eau et sur les degrés des groupes pittoresques. Quelques-uns ont quitté une partie de leurs vêtements, mais le plus grand nombre entre dans l'eau tout habillé. Cette eau de purification est affreusement sale et sent mauvais.

Dans une grande pièce sombre qui sert de magasin, je vois rentrer sur des rouleaux de bois d'énormes animaux fantastiques, des lions et des tigres plus grands que nature. Ils sont recouverts de housses. C'est un cadeau qu'on vient de faire à la déesse Meenakchi. Mais ce qui est incroyable, c'est que ces idoles gigantesques qu'on promènera dans les processions sur des chars sacrés sont en argent repoussé et ont été travaillées d'après les procédés qui servent encore à Tinuchirappalli à fabriquer les bijoux indigènes. On voit que le shivaïsme peut encore provoquer des générosités princières.

Dans un angle de la cour, sous un vestibule étroit et obscur, se trouve le sanctuaire de la déesse, dont la porte toute petite ne nous laisse rien entrevoir, quoiqu'elle soit ouverte, car l'intérieur n'est nullement éclairé. L'ouverture est usée sur les côtés par le frottement des pèlerins qui s'y précipitent à certaines fêtes, et ces parois déformées sont religieusement enduites de beurre fondu.

Le sanctuaire est surmonté d'une tour pyramidale entièrement revêtue de lames d'or. Certains voyageurs ont déclaré qu'il y avait à Madurai des tours toutes en or; d'autres assurent que c'est un conte et qu'il n'y en a pas. Pour ce qui me concerne, je puis certifier avoir vu un dôme tout resplendissant du précieux métal.

Il est probable que les conquérants successifs de Madurai se sont empressés, aussitôt la ville prise, de rendre hommage à la déesse en grattant soigneusement l'or des coupoles. Puis le calme renaissait et les fidèles redoraient le temple. Et, selon que les voyageurs l'ont visité après des troubles ou en temps de paix, ils l'ont trouvé à volonté doré ou dédoré.

Pendant que nous admirons, à travers les étroits espaces laissés entre les colonnes élégantes, s'avance majestueusement un énorme éléphant dont la peau rugueuse use les sculptures. Il va faire ses dévotions à la déesse Meenakchi. La chaîne qui le retient d'ordinaire est enroulée autour de sa trompe dont l'extrémité saisit la natte de cheveux qui orne la tête de son cornac. Trois fois par jour, l'homme et la bête vont rendre leurs devoirs religieux. L'homme en nous voyant se met à rire ; l'éléphant passe rêveur et grave, accumulant sans doute dans son large front les problèmes compliqués de la religion indienne.

Une galerie très surchargée de sculptures conduit au sanctuaire du dieu Sokker, assimilé à Shiva et représenté par l'énorme lingam à tête d'homme qu'Indra est censé avoir élevé lui-même.

Un gros singe nous barre le passage et semble au paroxysme de la fureur. Comme nous persistons à avancer, il se réfugie sur une corniche et nous accable d'injures. D'autres, plus petits, cachés parmi les ornements des portiques, font des niches aux dieux qui y sont représentés.

La colère de ce singe me rappelle qu'à l'entrée du temple un fanatique a voulu aussi s'opposer à notre visite ; accroupi à terre, il avait les mêmes gestes et se servait sans doute des mêmes expressions que le singe indigné. Seulement il n'a pas eu comme ce dernier la ressource de se réfugier sur les toits pour y dévorer l'infamie.

Devant le sanctuaire du dieu, on a dressé une haute colonne d'or massif. Elle est terminée par une sorte de potence en forme de croisillon, à laquelle pend une cloche. Chaque fois qu'on s'adresse au dieu, il faut faire tinter la cloche ; et chaque fois qu'on veut faire tinter la cloche, il faut donner beaucoup d'argent. On comprend que dans ce pays on puisse offrir aux cloches des potences d'or.

Dans un coin de l'édifice, des maçons font des réparations ; ils sont servis par de charmantes jeunes filles, aux bijoux brillants, aux draperies élégantes et qui portent avec grâce sur la tête les matériaux de la construction. L'homme qui fait le mortier se sert d'un broyeur incliné sur lequel il frotte un rouleau, appareil absolument semblable aux moulins du Mexique et de l'ancienne Égypte, identique également aux écraseurs des chocolatiers espagnols.

En face des travailleurs, des enfants jouent au cheval pendu sur des éléphants de pierre qui ornent la base des colonnes.

Nous arrivons à l'une des parties les plus curieuses de ce splendide entassement d'architecture, c'est ce qu'on appelle la salle des mille piliers. Aucun de ces supports de granit n'est semblable à l'autre ; l'imagination des architectes et des sculpteurs s'est donné pleine carrière. Quelques piliers sont massifs et carrés, d'autres sont formés de groupes de gracieuses colonnettes. Tous sont ornés de personnages mythologiques de grandes dimensions ou de groupes religieux entièrement taillés dans la masse du pilier. C'est dans cette forêt de pierre si richement peuplée de dieux que, les jours de grandes fêtes, les pèlerins viennent s'abriter ; c'est là qu'ils s'entassent et passent la nuit pour dormir. Ces idoles aux visages bienveillants, aux gestes terribles, ces êtres mythiques aux cent bras, ces déesses qui s'avancent portées par des monstres, ces guerriers divins qui escaladent des montagnes de vaincus, ces Marouts qui luttent, ces nains qui jouent, ces nymphes qui dansent, tout cet Olympe mouvementé qui s'agite dans les chapiteaux doit singulièrement impressionner les fidèles venus de loin pour se sanctifier et voir des merveilles. La nuit, à la clarté étrange des étoiles indiennes, le pèlerin fatigué doit entrevoir dans ses rêves ces êtres protecteurs et effrayants ; l'œil à moitié fermé, il les voit vivre, s'animer pour lui et descendre en foule le long des colonnes, les mains pleines de ces attributs de bon augure qui promettent toutes les jouissances célestes.

Le jeune chrétien qu'on nous a donné pour guide le matin nous a suivis dans le temple. Il a pris la précaution de cacher son scapulaire sous les plis de ses vêtements. De plus il est accompagné par plusieurs camarades, fort versés, dit-il, dans les connaissances brahmaniques. Je constate en effet que, chacun me donnant du même objet une explication différente, j'arriverai évidemment à avoir sur ces matières les connaissances les plus variées.

C'est donc avec ce groupe de cicérones obligeants, mais sujets à caution, que je prends des notes sur les étonnantes sculptures qui fourmillent autour de nous. À tout prendre, ces divinités nombreuses ne sont que des formes ou des assimilations de Shiva et de sa femme Parvati, de Vishnou et de sa femme Lakshmi. Aucune représentation d'Indra ni de Brahma ; nous sommes donc en pleine période sectaire, et il faut en conclure que la construction des mille piliers doit remonter à peine à notre Moyen Âge.

Quant à la fameuse trinité Brahma-Vishnou-Shiva, dont les missionnaires du XVIIIe siècle ont tant parlé, elle est inconnue ici, comme dans le reste de l'Inde. C'est à peine si, tout compte fait, on a trouvé un seul temple qui lui soit dédié ; elle est du reste postérieure aux sectes et a été une vaine tentative à l'unité.

Parmi les dieux à rôle déterminé, je remarque le jeune Kama-deva, dieu de l'amour dont les Latins ont fait sans doute leur Cupidon ; aux Indes même on l'appelle *Cupid*, ou *Dipuk*, ce qui est le même nom retourné.

Il a pour femme ou pour mère Kama-rati, qui fait de la haute école sur un gros oiseau à pattes palmées : un cygne, disent les uns ; une oie, affirment les autres ; si le cygne a été une des transformations de Jupiter, l'oie, de son côté, était consacrée à Isis ou Athor, la Vénus égyptienne. Tous les dieux de l'Inde moderne, à l'exemple de ceux de l'Égypte, ont ainsi une *sakti* qui est la personnification de l'énergie du dieu, c'est aussi sa Maya, «l'illusion» qui fut sa mère et devint son épouse. Mystère compliqué, issu de la philosophie *sankya* et qu'on rencontre à chaque pas.

Les deux statues de ces protecteurs de l'amour ont les yeux soigneusement frottés de beurre fondu.

Mais nous voici en présence d'une sculpture d'un genre tout à fait archaïque et dont le type nous reporte à l'art des Étrusques et des Pélasges. Une sorte de roi à tête de satyre, à barbe pointue, prend une pose de danseur pour se crever les yeux avec un canif. Devant lui, sur un monticule, une petite niche est couronnée du serpent à cinq têtes.

Si l'on est d'accord pour nous dire ce que fait ce dieu avec son canif, nos cicérones ne le nomment pas de la même manière : pour les uns c'est *Pourouchamb-breyan*, pour les autres *Chikau*. Régamey, qui de son côté va aussi aux renseignements, me rapporte le nom de *Vaden*. Probablement, selon l'usage, tout le monde a raison ; néanmoins c'est un personnage à déterminer.

En attendant qu'on y arrive, nous pouvons nous arrêter un moment sur le caractère primitif de cette singulière statue.

On ne peut pas supposer qu'elle ait appartenu à un monument plus ancien et qu'elle ait été utilisée lors de la construction de la salle, car les éléphants et les ornements qui accompagnent le socle taillé dans le même monolithe sont d'un art franchement moderne. Mais le type a pu être reproduit d'après un modèle plus ancien, et c'est ici que le problème archéologique devient intéressant.

On n'a jamais osé faire remonter bien haut la construction des temples de l'Inde. On a même proposé d'établir que ce sont les Grecs d'Alexandre qui ont appris aux Indiens l'art de bâtir et de sculpter, et que c'est le bouddhisme qui le premier donna une forme palpable aux épithètes védiques et aux dogmes brahmaniques.

Je crois que dans cette affaire on néglige trop l'influence qu'ont dû avoir, surtout sur le sud de l'Inde, l'art égyptien d'une part, l'art chinois de l'autre.

Et un troisième élément phénico-hellénique a bien pu intervenir. Notre statue à barbe cypriote en est une preuve.

Il me semble que sous ce rapport les archéologues de l'Inde ont encore beaucoup à nous apprendre, car jusqu'à présent la parole a été aux philologues, qui, pour la plupart, n'ont jamais vu les temples dont ils parlent.

Au moment où nous allons descendre le vaste perron qui termine la salle des mille piliers, on nous fait signe de rester en place, et nous voyons s'avancer à travers la colonnade de l'hypostyle une sorte de cortège. Ce sont les trois éléphants du temple qui viennent nous présenter leurs hommages ; le secrétaire du gouverneur, qui nous accompagne, nous a fait prendre pour des personnages d'importance.

Chaque animal est monté par un cornac et, quand les éléphants sont rangés sur une ligne, le conducteur leur pique la tête avec son harpon de fer, ce qui leur fait pousser des cris terribles, lever la trompe, ouvrir la bouche et trépigner de douleur. On appelle cela saluer les visiteurs. Le secrétaire me déclare qu'il n'est point du tout rassuré, que très souvent ces animaux, peu habitués aux Européens, profitent de la surexcitation qu'on leur procure pour se jeter sur les hôtes qu'on prétend honorer. Il y a en effet la grosse femelle noire que nous avons déjà vue en entrant, qui paraît fort disposée à nous faire un mauvais parti ; aussi la reconduit-on à son étable sacrée, non sans difficulté. On a eu soin de peindre en blanc sur le front de chaque animal trois barres blanches horizontales, symbolisme de Shiva.

*Le Père*, qui nous a rejoints, prend sa part des honneurs qui nous sont faits. Mais les politesses ne sont pas terminées. Les prêtres du temple nous ramènent à la cour de l'étang carré et, dans une sorte de sacristie, entreprennent de nous couvrir de colliers de fleurs odorantes. Pour nous, ça va tout seul, mais *le Père* proteste : il n'admet pas qu'un prêtre catholique puisse être couvert de fleurs par un sectateur de Shiva. Les brahmes, qui pensent avoir simplement à vaincre de la modestie, cherchent à employer la force ; *le Père* voit dans cette lutte une œuvre du diable, il se débat, les brahmes insistent, *le Père* résiste. Finalement la victoire reste au diable : bon gré mal gré, *le Père* est parfumé, enguirlandé, salué, embrassé… toute une série de mortifications.

C'est un signe des temps. On nous reçoit dans l'enceinte du temple, on nous y comble de prévenances et, il y a quelques années seulement, notre présence eût été un scandale, une souillure que seule l'urine de vache aurait pu effacer. Grâce à leur tolérance actuelle, les brahmes n'auront pas besoin de recourir à ces moyens de purification.

En quittant la sacristie, nous faisons de nouveau le tour de l'étang, et l'on nous explique les peintures, assez grossières du reste, qui ornent les murs des portiques. Elles sont divisées en tableaux. L'un d'eux représente Indra sur son éléphant blanc, faisant la rencontre du *rishi* Durvasa, saint personnage des temps anciens. Le rishi lui offre un chapelet de fleurs, que le dieu place sur la tête de l'éléphant ; mais l'animal, qui n'aime pas les dévots brahmaniques, rejette la couronne à terre et l'écrase sous ses pieds. Le tableau suivant représente la fureur du rishi, qui maudit l'éléphant blanc, lequel, sous le coup de la malédiction, se met peu à peu à devenir noir et s'enfuit vers les lieux inhabités. Le troisième tableau nous fait voir la monture du roi des dieux tout à fait noire, et vivant misérablement au milieu des forêts. La scène change, le sanctuaire de Madurai apparaît dans les arbres, et l'éléphant aperçoit le lingam, qu'il adore avec componction, et subitement, se trouvant soulagé des effets de la malédiction, il redevient blanc comme auparavant et, nous disent nos cicérones, il passa le reste de sa vie en actes de piété et de dévotion.

*Le Père* ne peut s'empêcher de rire à la pensée qu'il a failli partager le sort de l'éléphant divin en repoussant les guirlandes que les brahmes lui offraient.

Les peintres hindous procèdent par teintes plates ; ils en sont encore aux systèmes des peintres de l'ancienne Égypte. Si les sculpteurs se sont approchés de l'art grec, surtout dans les monuments bouddhiques, les Raphaëls de l'Inde sont bien loin des plus mauvaises fresques de Pompéi, où l'on trouve le modelé, les demi-teintes et un coup de pinceau toujours habile.

Deux tableaux ont la prétention de représenter la déesse Meenakchi. L'un nous la montre bleue et portée par le serpent à sept têtes : c'est ainsi d'ordinaire qu'on représente Vishnou ; l'autre nous la montre verte et montée sur un perroquet : cette fois c'est une imitation de Kama, dieu de l'amour. Les sectateurs de Shiva ont dû être, en somme, assez embarrassés pour assimiler à leurs dieux préférés la grande déesse astronomique qu'on adorait à Madurai ; ils ont été obligés de prendre dans leur Olympe les attributs qui pouvaient convenir à Meenakchi, et l'on voit qu'ils s'y sont repris à plusieurs fois, sans arriver à des résultats satisfaisants.

Ils se sont trouvés, dans leur parti pris d'assimilation, en présence d'une autre difficulté. Sokker devait avoir le pas sur la déesse sa femme, mais il a été difficile aux populations de Madurai d'accepter que leur grande déesse ne fût pas la divinité supérieure. Et malgré les efforts des brahmes le dieu Sokker est toujours resté au second rang. Le principal sanctuaire est consacré à la déesse et, dans les prières qu'adresse le peuple, l'usage veut que Meenakchi soit invoquée avant son mari. Nous avons là un des exemples les plus frappants de la superposition d'un mythe brahmanique sectaire à un mythe autochtone, venu lui-même sans doute de pays très différents.

Après les éléphants les fleurs, après les fleurs les bayadères. On vient nous avertir que les musiciens et les danseuses nous attendent dans une des salles du temple, où nous nous rendons avec empressement.

Le local où l'on nous reçoit est orné de quelques figures divines en granit, soigneusement arrosées de beurre fondu.

L'orchestre se compose d'un hautbois grave qui fait des tenues, d'une flûte qui fait le chant, d'un tambour à main long et étroit, et de deux petites cymbales presque imperceptibles.

Les danseuses sont vêtues de cette immense pièce d'étoffe qui, après avoir entouré les jambes de ses vastes replis pour former un pantalon, est ramenée sur l'épaule gauche, contourne la taille et se termine en écharpe sur le devant.

Autrefois les femmes indiennes avaient le torse nu. Depuis l'intervention anglaise elles portent une petite camisole collante qui ne cache que les épaules et les seins, justement ce que les Anglaises laissent à découvert quand elles vont au bal. En somme, quoique les reins et les bras soient nus, le costume est d'autant plus convenable que la peau bronzée de ces jeunes filles est un véritable maillot comme en portent les actrices qui chantent *L'Africaine*.

La musique commence. La mélodie soutenue par le rythme des percussions est plaintive, triste, alanguie, mais tout à fait dans nos tonalités ; rien de chinois, rien d'arabe, rien de japonais surtout. Si la musique arabe nous a conservé les tonalités antiques, la musique indienne nous révèle l'origine des modes européens modernes.

Il y a trois danseuses qui dansent l'une après l'autre. La première qui se présente a les traits fort réguliers et surtout les yeux très expressifs. Sa danse est plutôt une pantomime qu'un

66

*pas*. Elle s'avance avec des expressions d'amour et d'ardeur contenue, se recule comme offensée ou épouvantée de l'aveu qu'elle a laissé échapper. Les mouvements suivent les rythmes, les gestes soulignent les sentiments avec beaucoup de grâce et d'énergie. Elle me paraît s'appliquer à rendre coup sur coup, par sa physionomie et ses attitudes, les impressions les plus variées d'un drame amoureux : la sympathie, l'effroi, la joie, la colère, l'entraînement, la honte, l'abandon, le charme et l'humiliation, la passion la plus vive et le remords le plus amer.

Qu'elles sont loin de cette poésie touchante, les sensuelles almées du Caire ou d'Alger, ou les froides geishas de Kyoto ! Même les Ouled-Naïl de Biskra, qui ont conservé dans les oasis les traditions de l'Antiquité ne donnent qu'un faible reflet de cette ardente et délicate épopée brahmanique qu'on nous raconte avec des gestes et des regards.

Le costume de la danseuse est rouge et or, son corselet noir pailleté d'or. Sa coiffure très simple, cheveux lisses et quelques fleurs. Bijoux dans les narines, nombreux bracelets aux poignets et aux chevilles, bagues énormes aux doigts des pieds.

La bayadère qui lui succède a la physionomie plus froide, mais elle est beaucoup plus belle. Sa coiffure, formée de fleurs odorantes, sans feuilles ni tiges, lui fait comme un diadème et accompagne le bout de sa chevelure qui lui couvre la nuque. Elle porte au gras du bras des armilles luxueuses, et ses pieds sont cuirassés de bagues et de cercles d'or. On se demande comment elle peut se tenir debout et danser malgré ses riches entraves. Sa danse, moins expressive que celle que nous venons d'admirer, est plus élégante et plus noble, et sa froideur même donne plus de distinction à ses poses.

Quant au sujet, c'est toujours un drame amoureux qui se déroule sous nos yeux, quelque scène inspirée des touchants épisodes du *Ramayana* ou de tout autre poème mythologique.

La troisième danseuse est tout à fait une enfant ; elle ne manque pas de grâce, mais n'est pas encore très habile.

Tout en exécutant sa scène, elle regarde du coin de l'œil, tantôt ses camarades, tantôt sa mère, qui l'accompagne et paraît lui servir de professeur.

Il faut remarquer à ce sujet que les bayadères de la secte shivaïte sont vouées au dieu pour danser dans les cérémonies, mais doivent garder leur pureté jusqu'au moment où on les marie.

Il n'en est pas de même dans la secte vishnouïte.

Il est curieux de constater que les prêtres et les bayadères de Shiva rachètent l'inconvenance de leur symbole préféré par une certaine pureté de mœurs.

Quand les danses sont finies, Régamey, pour faire poser une danseuse de profil afin de faire son portrait, s'approche d'elle et va la toucher pour la mettre en place ; la malheureuse pousse un cri comme si on allait la brûler. Alors le dessinateur place une chaise et lui fait signe de s'asseoir, mais c'est toute une affaire : elle ne s'est jamais assise de sa vie, et pour rien au monde elle ne consentira à prendre une pose aussi ridicule. Les assistants insistent, cherchent à la convaincre, on dirait qu'il s'agit de lui faire subir quelque opération épouvantable. Finalement on y renonce, et Régamey en est quitte pour se contenter des croquis qu'il a faits pendant la danse.

La nuit venue, nous nous rendons en fiacre à bœufs chez l'ami du secrétaire. On dîne, on fait de la musique, et avant de se séparer on nous arme de petites baguettes pour aller voir un étang sacré célèbre qui est au bout du jardin. Les baguettes dont il nous faut frapper la terre à chaque pas ont pour but d'éloigner les serpents qui pendant la nuit se promènent en grand nombre.

L'étang est carré, desservi par de vastes escaliers, entouré d'arbres gigantesques et orné aux angles de quatre pagodes blanches. Au centre, une île, carrée elle aussi, surchargée de verdure, s'élève majestueusement, supportant un temple à jour flanqué de quatre petits dômes. Le tout fait un ensemble très pittoresque ; mais nous visitons l'Inde en une année de sécheresse, de disette même, et à ce paysage superbe, éclairé par la lune, à ce grandiose lac sacré il ne manque qu'une chose : de l'eau.

C'est sur cet étang que l'on célèbre chaque année le mariage des divinités locales, c'est-à-dire la conjonction du dieu Sokker et de la constellation Meenakchi.

Dans la soirée du jour de fête, les brahmes apportent sur des éléphants couverts de riches étoffes les statues des deux époux célestes. Ce sont des idoles formées de bois et de cinq métaux différents ; elles ne servent que pour ces cérémonies. Les vraies idoles ne quittent jamais le sanctuaire.

Les dieux sont placés sur un brillant radeau auquel sont fixées des cordes que les fidèles se disputent l'honneur de tirer pour faire promener sur l'eau le couple divin. C'est une foule de cinquante mille personnes qui se livre avec ivresse à cet exercice en jetant des cris aigus et des hourras formidables. La nuit venue, on retire les idoles, on brise le radeau, et chaque assistant en emporte un morceau.

C'est alors que commence la véritable fête : le feu d'artifice. Les Indiens, qui ont appris des Chinois l'art de la pyrotechnie, l'ont beaucoup perfectionné, surtout pour l'éclat et la coloration des lumières. Et puis les artifices jetés sur la population ahurie donnent l'impression d'une sorte de combat entre l'humanité et les éléments. Les fusées chevelues traversent l'air comme des comètes pour plonger dans les groupes. Les pluies de feu s'élancent des arbres et versent sur la foule leur pétillement lumineux. Les pétards furibonds éclatent dans l'espace, tombent, rebondissent, éclatent de nouveau, crachant la flamme à chaque étape de leur vol capricieux ; les serpenteaux s'élancent, brillant comme des bolides verts, et zigzaguent au-dessus des têtes livides ; puis tout à coup les feux de Bengale placés sur les dômes apparaissent comme un éblouissement embrasé, et forment dans la nuit des constellations de soleils à la lumière intense. Il semble que Madurai traverse un firmament.

Si l'on n'a pas oublié qu'il s'agit de célébrer un grand fait astronomique, on comprendra quelle vive émotion doit ressentir ce peuple dévot qui peut croire, un moment, que le ciel sidéral, avec ses splendeurs et ses épouvantes, est descendu sur la terre.

# IV

## TINUCHIRAPPALLI

Nous partons de grand matin pour Tinuchirappalli. Le paysage que le chemin de fer traverse donne cette impression de sécheresse que l'on éprouve en Algérie. Au loin, dans l'ombre, de grandes montagnes bleu foncé, vivement découpées, laissent entre leurs plans beaucoup d'espace brumeux ; le pays paraît immense. La végétation vigoureuse des premiers plans, singulièrement éclairés par les lueurs de l'aube, se détache en vert de cuivre sur ce fond noir.

Mais cela ne dure qu'un moment, le soleil ne tarde pas à tout éclairer, et peu à peu le paysage diminue et s'aplatit.

Çà et là, dans la campagne, on voit de petits autels à l'ombre des grands arbres, mais non adossés aux arbres ; ou bien des parcs de chevaux de terre cuite ; l'un d'eux a une avenue de plus de vingt chevaux grandeur nature placés sur deux rangs en face les uns des autres.

Le pays devient plus accidenté et les montagnes se couvrent de forêts. On voit d'immenses gommiers et des champs de ricins à grandes feuilles d'argent et à tige lilas.

Les moyens d'irrigation sont nombreux.

Une outre énorme plonge dans un réservoir ; elle est suspendue à une grosse poulie par un câble au bout duquel deux buffles sont attelés ; la poulie est perchée en haut d'un monticule factice que les buffles descendent pour faire monter l'outre qui, arrivée au bout de sa course, se vide dans les canaux d'irrigation ; les buffles n'ont plus alors qu'à remonter à reculons le plan incliné, et l'outre plonge à nouveau. Le curieux de l'affaire, c'est que les animaux sont dressés à ce métier et que personne n'est là pour les faire avancer, reculer, descendre, remonter. Ailleurs c'est un balancier à longs bras au bout duquel est suspendu un vase de terre qui s'élève ou s'abaisse suivant le mouvement du balancier. Sur le point fixe se tient un homme qui se déplace tantôt à droite, tantôt à gauche, de manière à agir par son poids sur la position de l'élévateur.

Parfois la machine est plus considérable, et c'est un vrai cortège de cinq ou six hommes qui se promènent sur le balancier, le gravissant de gauche à droite, puis quand le déplacement du centre de gravité l'a fait incliner à droite, le gravissant alors de droite à gauche pour le faire revenir dans sa position primitive. Ces hommes sont grands, minces, secs, noirs et nus ; leur petit turban blanc les fait ressembler à des épingles de bronze à tête d'argent. Comme des suppliciés de l'enfer d'Yema, ils font éternellement l'ascension de ce plan oscillant qui s'effondre sous leurs pas et, malgré leurs efforts, les laisse toujours au même niveau.

Nous quittons subitement la contrée arrosée et cultivée. C'est à travers un désert de sable incandescent que nous arrivons à Tinuchirappalli. La chaleur est des plus pénibles.

La gare est en plein champ ; et si l'on n'apercevait pas dans le lointain l'immense rocher qui est au centre de la ville, on pourrait croire que le chef du train s'est trompé. Mais nous sommes bien à Tinuchirappalli.

Un fiacre surchauffé nous conduit à l'hôtel sous un soleil intense. Nous traversons d'immenses terrains vagues, égayés çà et là de petits bouquets d'arbres poussiéreux. Enfin nous entrons dans un jardin aux grands horizons ; à un bout du parc est une maison basse : c'est l'hôtel.

Il y a un rez-de-chaussée et un premier étage. Le maître

de céans, gros musulman vêtu de blanc, nous fait visiter tout l'immeuble pour que nous choisissions nous-mêmes nos chambres. Je constate avec effroi qu'il n'y a ni chaises, ni meubles, ni lits. Toujours le confortable anglais dans sa noble simplicité. L'hôtelier nous dit qu'on préfère généralement les chambres du premier, à cause des serpents qui ne peuvent s'y introduire. Malgré l'avertissement, nous nous installons au rez-de-chaussée, où les chambres sont plus fraîches. Et puis il y a là une salle de bains – sans baignoire naturellement –, toujours le confortable plein de distinction ; mais on y a placé des pyramides de vases poreux pleins d'eau froide ; des bancs, des tapis, des serviettes ont la prétention de représenter un lit.

Pour le repas, on nous demande ce qu'il faut acheter. Mais à tout ce que nous proposons on nous répond invariablement qu'il n'y en a pas. Pourtant le gros musulman nous organise un petit dîner assez présentable.

Et de plus il nous donne un guide pour visiter la ville.

Nous partons dans une horrible voiture fermée, aux coussins durs et aux ressorts récalcitrants. *English comfort*.

La ville de Tinuchirappalli paraît fort grande. Il n'y manque que des maisons, ou du moins on ne les voit pas. Des arbres, des espaces vides, quelques petits édicules sacrés abritant des idoles, voilà la cité. Ce n'est qu'autour du grand rocher central, qui se dresse dans la plaine comme une immense dent de tigre, que l'on voit quelques habitations.

Pour le moment nous passons rapidement devant le rocher et les temples qu'il supporte, ainsi que devant le grand étang aux ablutions, et nous poussons jusqu'au fleuve, le Cauvery, car nous avons hâte de voir avant tout les deux temples de l'île de Sriringam, l'un consacré à Vishnou, l'autre à Shiva.

Le fleuve, fort large, coule entre deux rives richement boisées. Sur les bords, des temples, des colonnades, de larges escaliers pour les ablutions forment un véritable décor d'opéra. Le site, animé d'indigènes aux vêtements sombres relevés çà et là de turbans blancs, forme un tableau féerique. C'est bien là l'Inde qu'on rêve.

Un très beau pont de pierre nous mène dans l'île, couverte de forêts aux arbres énormes. La route passe dans des tunnels de verdure ; il y a beaucoup d'animation, causée par les gens qui vont aux temples ou qui en reviennent. Car il faut remarquer que ce ne sont que les affaires religieuses qui font bouger les Indiens ; quand les trains sont encombrés, c'est qu'il y a quelque pèlerinage en jeu.

Nous allons d'abord au temple de Vishnou, qui est le plus important et le plus éloigné. Il est entouré de sept enceintes, qui sont de véritables fortifications. Comme à Madurai, les murailles et les tours ont des chemins de ronde et des créneaux dissimulés derrière les ornementations. Ces soins apportés à la sécurité des temples sectaires vishnouïtes ou shivaïtes indiquent qu'ils ont été construits dans une période de troubles religieux. Contre qui avaient à se défendre les nouveaux sectateurs ? Contre les védiques, contre les brahmaniques purs, contre les bouddhistes ou contre les musulmans ? Quelle religion était supplantée par les nouveaux croyants ? En attendant que l'histoire indienne, qui est la plus muette des histoires, se décide à nous donner des éclaircissements, constatons que les architectes des temples nous racontent les oppositions qu'ils ont rencontrées, ou tout au moins les craintes qu'ils ont ressenties en élevant ces splendides monuments.

Le gopura de la première enceinte n'est pas terminé ; il s'élève à peine au-dessus de la muraille. Dans la cour se présente un mandapa, sorte de pavillon assez élégant supporté par quatre hautes colonnes. Des boutiques forment comme une rue qui mène à un second gopura fort riche.

Dans un coin je vois un homme étendu sur le dos et qui fait le mort. Il a couvert de cendres son corps et surtout son visage. Il serait difficile de dire s'il respire. Les passants jettent à côté de lui ou dans une écuelle posée sur son ventre quelques pièces de monnaie. C'est un mendiant qui fait pénitence pour les pèlerins généreux.

Nous continuons à franchir les gopura et à traverser les cours. Dans l'une d'elles se trouve la salle des mille piliers, accessoire obligé des grands temples qui, pour certaines fêtes, ont à héberger un grand nombre de dévots. Cette salle est précédée de ces cavaliers de pierre dont les chevaux se cabrent, modèle que nous avons déjà vu au Tchoultry de Madurai, qui a dû les imiter du temple que nous visitons.

Les jours de fête, les idoles sont promenées sur un énorme char en pierre sculptée. Ce n'est pas très pratique au point de vue de la facilité de locomotion, mais quelle joie lorsque des milliers de pèlerins attelés ont pu remuer ce poids colossal !

L'intérieur de la dernière enceinte n'est pas visible pour les Européens. On nous fait monter sur les toits pour juger de l'ensemble des constructions. C'est un entassement prodigieux de dômes, de gopura élevés et de terrasses ; les cours forment comme des précipices au milieu de la masse. Le grand rocher de Tinuchirappalli se dresse au loin parmi les arbres. Une de ses pentes est zébrée d'immenses raies verticales rouges et blanches comme le sont les habitations des prêtres.

Pendant longtemps nous errons à l'aventure dans ce labyrinthe sacré qui nous réserve un étonnement à chaque pas. Que de détails, d'allégories, de scènes il faudrait noter ! Je remarque les deux serpents enlacés du caducée de Mercure. Il faut rappeler ici que ce n'est qu'à une basse époque que le caducée a eu les serpents et les ailes ; ce n'était d'abord qu'un disque et un croissant. Parfois les serpents sont séparés par un jeune enfant, Krishna, qui nous rappelle ainsi Hercule ou Horus sur les crocodiles et tenant des reptiles aux mains.

Je rencontre aussi dans les sculptures de l'intérieur des portes un homme à double tête de vautour qui rappelle très bien cet homme à double tête de serpent qu'on voit représenté dans les hypogées des rois de Thèbes et sur les papyrus funéraires. Au-dessus on a figuré le *pedum* d'Osiris entre deux poissons, etc.

Que font donc les archéologues de l'Inde ? Allons, à la besogne, messieurs, il y a de quoi travailler.

Un des gopura est particulièrement soigné dans ses sculptures. On pourrait l'appeler le pylône de l'amour, d'après toutes les scènes qui le couvrent de haut en bas. Je dois ajouter que l'esprit religieux qui a présidé aux compositions leur a laissé un tel caractère de noblesse, que ce n'est que par l'examen des détails que l'on s'aperçoit des sujets que les artistes ont osé aborder.

Des groupes amoureux sont dispersés çà et là, mais séparés par des personnages plus en évidence et dont les attitudes expriment la sainteté. On reconnaît la belle Lakshmi, la Vénus indienne, Kama qui tire de l'arc, Vishnou à quatre bras, et des adorateurs les mains jointes.

Tout à côté de cet étrange monument est une petite école de garçons. Tous paraissent fort bien élevés, et ces jeunes vishnouïstes nous font un accueil des plus polis. Le professeur parle un peu l'anglais ; les enfants apprennent le tamoul.

Pour sortir du temple nous traversons de nouveau toutes les cours et, au moment où nous allons franchir le dernier gopura, je vois que les indigènes s'agitent comme si quelque événement extraordinaire allait se passer. Les femmes se sauvent, on fait fuir les enfants, l'espace se vide. Régamey, qui est en avant et dessine en marchant, ne paraît pas se douter de tout ce mouvement. Aussi je presse le pas, craignant pour lui quelque danger qu'il ne verrait point.

En effet, deux énormes éléphants, les oreilles écartées, la trompe levée, les dents menaçantes, se précipitent sur le dessinateur. D'une voix étranglée par l'émotion je lui crie de prendre garde. Mais aussitôt les monstres m'ayant aperçu changent de direction et viennent droit à moi. Je cherche un refuge dans le fond d'une boutique, et c'est là qu'aux éclats de rire de la foule je reçois les hommages des bêtes sacrées. La frayeur que j'ai éprouvée m'a empêché de remarquer qu'au-dessus de leurs têtes immenses se tiennent accroupis les conducteurs. À grands coups de piques, ces hommes cherchent à les rendre aussi furieux… non, aussi aimables que possible.

Revenu de mon émotion, je peux constater que l'on a peint sur le front des colosses le trident sacré, symbole vishnouïte.

On me dit qu'il serait convenable de donner une roupie à chaque cornac. Je m'exécute. Le plaisir que j'ai ressenti vaut bien cette récompense. Car enfin, si l'on voyage, c'est pour rencontrer des incidents, et quand on en rencontre il faut bien les payer.

Nous remontons en voiture et retournons au pont du Cauvery en admirant la végétation splendide qui nous entoure. À travers les grands arbres, on aperçoit des étangs sacrés bordés d'escaliers et de petites chapelles noyées dans la verdure. Ce paysage grandiose et mystique est peuplé d'une foule de dévots qui font leurs ablutions ou leurs prières. Ici la nature est un temple où tout le monde adore et paraît ne faire que cela.

Laissant sur la gauche le temple de Shiva, appelé le petit Sriringam, pour le distinguer du grand, que nous venons de visiter, nous allons droit au grand rocher qui se dresse au centre de la ville, afin de jouir, avant le coucher du soleil, de la vue qu'on a à son sommet.

On arrive au rocher par une galerie en fort mauvais état dont quelques piliers seulement supportent de larges dalles sont encore debout. Puis on gravit le rocher par des escaliers irréguliers tantôt à ciel ouvert, tantôt abrités par des constructions sculptées, tantôt creusés dans le roc comme des tunnels. Dans les angles sombres on devine çà et là d'énormes idoles qui grimacent sous le beurre qui les arrose.

À mi-hauteur on arrive à un grand temple dont les murailles sans fenêtres font, de la plaine, l'effet d'un énorme rectangle. Il paraît que l'intérieur est aussi peu orné que l'extérieur. Le sanctuaire est dédié à Shiva. On y célèbre quelque cérémonie, car le temple retentit d'une musique infernale accompagnée de chants vociférés. Sur les murs latéraux, que nous apercevons de la porte, la lumière, qui nous est cachée par une sorte de muraille ou écran, projette les ombres d'une procession ; on voit défiler les silhouettes déformées et vacillantes des danseuses et des musiciens qui se trémoussent. Parfois un gros nuage noir assombrit le tableau ; c'est l'ombre d'un éléphant qui passe. Ce culte, dont nous ne voyons que le reflet, a quelque chose de puissant et de surnaturel : ces chambres sonores qui exagèrent le bruit, ce mystère qui enveloppe tout, vous émotionnent malgré qu'on en ait. Et dire que nous ne sommes pas le moins du monde shivaïtes : quelle impression profonde et vive si nous l'étions !

Nous n'avons fait que la moitié de l'ascension. Des gradins taillés dans le roc, le long des précipices, nous mènent, non sans fatigue, jusqu'au sommet. On longe en montant le côté du rocher qui est zébré de raies rouges et blanches ; ces bandes d'un mètre de large font que, de loin, la montagne ressemble à un tigre accroupi.

Tout en haut est un petit sanctuaire en forme de belvédère qui a pour antéfixes de petits bœufs de pierre. Pour le moment il est défendu par de gros singes qui font de la gymnastique le long des colonnes et des rétablissements sur les corniches. Ils grimpent même au mât que les Anglais ont installé pour arborer leur drapeau. Ce n'est pas sans protestations qu'ils nous permettent de faire le tour du monument et d'admirer l'étonnant panorama qui nous environne.

La vue s'étend au loin et suit les contours du Cauvery dont on voit l'immense pont. Dans l'île de Sriringam, le grand temple de Vishnou avec ses murailles, ses terrasses,

ses tours et ses colonnades, rappelle les grands temples de Karnac et de Louqsor, la Thèbes antique aux cent pylônes. Dans la plaine, les jardins, les bois, les champs de riz tout verts, les quelques rochers parsemés au loin, tout cela est riche et frais. À nos pieds l'étang sacré est dominé par les toitures du temple que nous venons de traverser et dont les tintamarres religieux remontent jusqu'à nous. Des statues de dieux, des bœufs de pierre, des clochetons ornementés, des coupoles dorées couronnent le monument et le rendent bien plus intéressant vu d'en haut que regardé d'en bas.

Je cherche vainement autour de moi la ville qui se cache dans les arbres. Je ne vois pas davantage les fameuses doubles murailles qui faisaient autrefois de Tinuchirappalli une ville imprenable.

Car la reddition qu'en fit Canda Sahib aux Marathes en 1743 fut plutôt un acte de découragement que le résultat d'un siège bien conduit. Son frère Bara Sahib devait venir secourir la place qui ne contenait plus que des soldats musulmans. Toute la population s'était réfugiée à Sriringam sous la sauvegarde des assiégeants eux-mêmes. Bara Sahib arriva avec vingt-cinq mille hommes et fut battu. L'armée formidable des Marathes brahmaniques eut facilement raison de la furie moghole. Le général vaincu fit jurer au reste de son armée de mourir avec honneur jusqu'au dernier soldat, et, pour qu'aucun lien ne l'attachât plus à la vie, il fit venir sa femme, qu'il égorgea devant ses troupes ; cet acte de cruauté fut imité par quatre mille de ses soldats qui sacrifièrent leurs femmes à l'exemple de leur général.

La rencontre qui eut lieu avec les Marathes fut terrible, mais tous les Moghols furent tués. Bara Sahib, qu'on voulait épargner, ne cessa de tuer que quand les forces lui manquèrent et tomba percé de vingt-deux blessures. D'abord on le crut mort. Mais comme il respirait encore, on l'amena au général marathe, qui lui offrit son amitié. Voyant qu'on lui avait retiré ses armes, l'énergique Bara Sahib arracha lui-même une flèche qu'il avait dans la tête, et le fit avec tant de violence qu'il en mourut sur le coup. Ce fut là sa réponse.

Deux jours après, son frère Canda Sahib abandonnait Tinuchirappalli aux Marathes.

Et maintenant encore, quand on entend la nuit dans les jungles des environs la plainte du chacal ou le cri du hibou, le peuple assure que ce sont les femmes mogholes qui pleurent.

La ville de Tinuchirappalli est intimement liée à l'histoire des Français aux Indes. La guerre du Carnatic s'est passée tout autour de ces contrées, et chaque engagement a été signalé par des traits vraiment héroïques.

Connaissez-vous Bussy ? Connaissez-vous Latouche ? Connaissez-vous d'Auteuil ? Non, probablement. Mais vous connaissez Achille aux pieds légers et les Horaces et le pieux Énée, même Samson ou Hercule. Heureusement qu'à Paris les cochers de fiacre ont entendu parler de La Bourdonnais. C'est toujours ça de sauvé de l'histoire de nos colonies.

Il est positif que dans nos collèges on se préoccupe trop peu de donner en exemple les grands caractères qui ont illustré la France dans ces pays lointains. Pourtant quel courage et quel désintéressement !

D'Auteuil est envoyé par Dupleix pour soutenir à Arcot les armées des nababs Mirsapha-Djung et Canda Sahib contre Anouar-ud-din. L'endroit était défendu par un ravin sur lequel on avait jeté un retranchement couronné par des canons servis par des Européens. L'officier français, sans attendre que les armées alliées soient en état de se battre, attaque la position avec quatre cents hommes. Après avoir été repoussé deux fois, il enlève les batteries et met en déroute les forces d'Anouar-ud-din, évaluées à vingt mille hommes. Et tandis qu'après la victoire les Français restent sous les armes, les deux nababs secourus se précipitent au pillage et ramassent un butin de dix-sept millions.

Dupleix avait décidé qu'après Arcot on s'attaquerait à Tinuchirappalli. Mais les nababs aimèrent mieux venir d'abord parader à Pondichéry et triompher en grande pompe de la victoire remportée par un autre ; puis ils mirent le siège devant Tanjore, ville moins bien défendue et où ils espéraient trouver plus de richesses.

Le siège, mal conduit, allait être levé lorsque se présenta une poignée de Français, commandés par Duquesne, qui enleva trois redoutes et fit capituler la ville. Le rajah paya vingt millions de roupies à Canda Sahib et céda en outre aux Français quatre-vingts villages autour de Karikal.

Puis c'est Bussy qui arrête et culbute l'armée de Muhammad Ali au moment où elle allait se jeter dans la place forte de Djingy. D'Auteuil arrive, et séance tenante on décide qu'au coucher de la lune on cherchera à s'emparer de ces rochers à pic couronnés de forteresses.

On attend sous un feu meurtrier le moment favorable, et à quatre heures du matin tous s'élancent. Saint-Georges, Verri et Le Normand arrivent les premiers et arborent sur les forts le drapeau français. À dix heures du matin les défenseurs de Djingy l'imprenable étaient tous massacrés.

À la vue de ces fortifications, les troupes ne peuvent revenir de leur surprise ; elles regardent avec étonnement ces murs si hauts, qui semblent ne pouvoir être escaladés qu'avec des échelles de quarante pieds ; ces forts si escarpés et d'un si difficile accès, pour la défense desquels il ne fallait que de braves gens qui voulussent seulement se donner la peine de rouler des pierres ; et elles admirent qu'elles puissent à si bon marché se trouver dans de telles places. Une bataille gagnée et une ville très forte emportée d'emblée dans la même nuit ne leur coûtent que dix hommes tués et onze blessés.

Pendant ce temps on agissait auprès des chefs afghans auxiliaires de Muhammad Ali. Ils promirent leur défection. Mais ces prudents guerriers ne voulaient se ranger qu'à bon escient du côté des plus forts. Et quand Latouche, envoyé de Djingy, crut s'attaquer à des armées défaillantes, il fut fort étonné de rencontrer une résistance sérieuse, opposée par des forces colossales. Il tint bon toute une journée, jusqu'à ce que les chefs gagnés se décidassent à arborer sur le dos d'un éléphant le drapeau blanc qui devait amener la déroute du nabab.

Mirsapha-Djung, pour qui l'on se battait en somme, se trouvait ainsi, grâce à quelques Français et à Dupleix qui menait tout, chef souverain de trente-cinq millions d'Indiens. Aussi Dupleix obtient-il les faveurs du prince et reçoit en toute propriété les contrées au sud de la Kistna, territoire presque égal à la France. Ce simple chef d'une compagnie de marchands français dirigeait l'Inde et disposait à son gré des trônes et des royaumes.

Mais voilà que l'armée du nabab se révolte. Mirsapha est assassiné. Bussy intervient et fait immédiatement proclamer un des fils de Nasir-Djung. Muhammad Ali, voyant que la révolte n'a pas réussi, s'enferme dans Tinuchirappalli et réclame le secours des Anglais, qui accourent pour se faire battre et ne trouver leur salut que dans le temple de Sriringam.

Ici l'astre de la Compagnie française pâlit un moment. Clive surgit. Imitant les procédés de Dupleix et la furie des Français, il utilise admirablement son audace et sa ténacité, qualités éminemment anglaises. Sans officiers, sans argent, il se jette sur Arcot, qu'on lui laisse prendre, et la tient bon contre tous.

L'Angleterre, frappée des succès de Dupleix, envoyait aux Indes des renforts considérables. Clive prend l'offensive, bat les Français, qui se réfugient à leur tour dans Sriringam après avoir abandonné leurs bagages. Les officiers capitulent, Shenda se sauve, est tué par son escorte, et Muhammad Ali se fait reconnaître nabab du Carnatic.

Clive, sous prétexte de maladie, va à Londres et fait renvoyer de nouvelles forces. Les Français sont vaincus sous les murs de Djingy, naguère témoins de leur valeur, et encore une fois défaits dans Sriringam.

Que faisait donc Dupleix? Où donc était Bussy?

Dupleix, voyant qu'on s'acharnait sur Tinuchirappalli, avait abandonné aux Anglais une victoire facile et, transportant subitement la guerre ailleurs, avait jeté Bussy au nord, à la conquête des provinces de Mustaphanagor, Ellore, Rajanumdrum et Chiccacole, qui augmentaient les possessions françaises et leur donnaient un surcroît de revenu évalué à quatorze millions de livres tournois.

Ce mouvement hardi avait séparé les troupes anglaises du Gange, leur point d'appui. Malgré les secours envoyés de Londres, l'Inde était encore à la merci de Dupleix, pour lequel le Grand Moghol lui-même s'était déclaré.

Mais le chef de la Compagnie des Indes ne voulait pas guerroyer indéfiniment, il profita de ses nouveaux triomphes pour offrir la paix.

Il avait compté sans Versailles.

Les Anglais, qui avaient cru tenir Dupleix, comprirent qu'ils devaient agir ailleurs que sur les champs de bataille. Ils mirent dans leur jeu la Pompadour et obtinrent l'ignominieux traité de 1754, par lequel le roi de France, sans motifs, lâchement, insouciant ou affolé, abandonnait à l'Angleterre ou à son protégé Muhammad Ali toutes les conquêtes faites par Dupleix.

Ce dernier, disgracié, était rappelé en France. En vain réclama-t-il les treize millions qu'il avait donnés de sa poche pour soutenir la guerre; il fut obstinément ruiné par la Compagnie des Indes dont il avait fait la fortune, par le ministère dont il avait fait la gloire, par la justice qui voulut être aveugle. Sur le point d'aller en prison pour dettes, Dupleix mourut quelques années après de misère et de douleur.

Notre histoire des colonies est pleine de ces défaillances. À chaque élan de nos armées lointaines a souvent correspondu une faiblesse de notre gouvernement, et l'on voit parfois nos soldats victorieux et notre diplomatie battue.

Pendant que l'aspect des merveilleuses contrées qui nous ont échappé nous rappelle ces souvenirs, le jour baisse rapidement. Il nous faut songer à descendre. Les escaliers souterrains sont en pleine obscurité ; le temple de Shiva lui-même est devenu silencieux et noir, et ce n'est pas sans trébucher que nous arrivons sur la grande place de la ville.

Là tout est en fête : c'est le carnaval des musulmans. Dans une sorte de reposoir tendu de calicot rouge il y a des fleurs, des tapis, des lumières ; de grandes mains en papier d'or sont appliquées sur les parois. La foule est déguisée ; mais comme le costume habituel des indigènes est déjà pour nous un déguisement, nous ne saisissons pas très bien le sel des travestis.

Pourtant voilà des tigres ; des jeunes gens profitant de la couleur sombre de leur peau se sont fait des barres blanches sur leur corps nu ; avec une perruque et des moustaches, la métamorphose est complète.

Voici venir un cortège de danseurs en robe bleu clair, gants blancs, culotte noire, la figure barbouillée ; ils vont au reposoir et adorent les mains de papier ; un imam récite des versets ; un jeune danseur fait à son tour l'éloge d'Allah en s'adressant successivement à chacun de ses camarades. Puis le cortège se reforme, musique en tête.

En passant devant nous, les musiciens, je ne sais pourquoi, nous jettent des regards furibonds ; les danseurs nous font des grimaces.

Il est déjà nuit, et sur notre tête le temple des singes perché en haut du rocher s'éclaire d'une vive lumière qui fait ressortir en noir sa gracieuse colonnade. Toutes les nuits, ce belvédère est ainsi illuminé, et dans cette vaste plaine de Tinuchirappalli les voyageurs attardés peuvent se diriger sur cette clarté comme sur un phare.

On remarquera que j'ai dit de cet étrange rocher simplement qu'il est immense. Peut-être le lecteur voudra-t-il des renseignements plus précis. Car les voyageurs consciencieux font le tour du monde un mètre à la main et enregistrent avec soin tous leurs calculs ; là où je cherche des impressions, ils cherchent des dimensions. Mais je puis m'aider de leurs travaux et renvoyer le lecteur à l'historien Cambridge, qui dans un *Account of the War of India* lui apprendra que le rocher a quatre-vingt-dix-huit mètres de haut ; ou au commandant Ormes, qui, dans son *History of Military Transaction of the British Nation in Hindousthan*, déclare que le rocher a cinquante-neuf mètres ; ou encore au voyageur Cotteau, qui lui en donne cent cinquante, etc.

Et pour qu'on ait une idée tout à fait exacte, je répète que le rocher de Tinuchirappalli est immense.

# V

# TANJORE

Pour aller de Tinuchirappalli à Tanjore, le chemin de fer traverse un pays très fertile, surtout dans les parties basses qui peuvent être irriguées.

Çà et là dans la campagne sont de petits temples et des avenues de grands chevaux en terre cuite. Au bord d'un étang, j'en compte vingt, alignés sur deux rangs perpendiculaires à la rive.

Sur un rocher garni de fortifications se dresse une énorme pagode entourée d'arbres. C'est le grand temple de Tanjore ; nous sommes arrivés.

À peine descendus du train, nous allons droit à la pagode, qui est peut-être le morceau d'architecture le plus parfait de l'Inde brahmanique.

Elle est défendue par deux enceintes fortifiées. La plus vaste est très ancienne et a dû abriter des tireurs d'arc. Celle qui la domine et se trouve la plus rapprochée du temple a été construite au dernier siècle et peut recevoir des canons. Dans les gigantesques fossés qui accompagnent les murailles et les bastions poussent des arbres séculaires et de gracieux cocotiers.

> *Et, colosses perdus dans ses vastes contours,*
> *Les palmiers chevelus pendant au front des tours*
> *Semblaient d'en bas des touffes d'herbes.*

Voilà que la Babel rêvée par le poète nous l'avons sous les yeux. Il n'y manque ni les «crocodiles verts» ni les éléphants se promenant sur les murailles.

Le premier gopura qu'il faut franchir pour entrer dans le temple est d'une élégance bizarre et ne ressemble à rien de ce qu'on a pu voir en architecture. Ses sept étages sont ornés d'antéfixes recourbés disposés en auréoles et rappelant des queues de paon. On a dit des cathédrales gothiques qu'elles étaient en dentelle, on peut croire que cette grande tour est faite de plumes : c'est une profusion de panaches, de flabellums, d'éventails disposés avec art et produisant un ensemble grandiose et d'une étonnante légèreté.

À travers cette luxueuse ornementation on a disposé des personnages et des groupes sculptés. Shiva, à qui est dédié le temple, préside aussi bien à la reproduction qu'à la destruction. Et puis Krishna, la dernière incarnation de Vishnou, Krishna, le dieu aimable et farceur, a toujours trouvé sa place sur les portes des temples de l'Inde, et nous le voyons plusieurs fois représenté dansant parmi les antéfixes ou lutinant les jeunes laitières qui se cachent derrière les colonnettes ornementées.

Le second gopura est moins élevé et d'une architecture plus lourde. Il est probable que ce défaut est voulu : il vise à faire ressortir la hauteur, la distinction, la puissance et la grâce du temple qui apparaît quand on a dépassé cette seconde porte.

On se trouve dans une grande cour entourée de colonnades et de chapelles ouvertes. Des bouquets d'arbres et de petits temples sont disséminés autour du grand sanctuaire, devant lequel, sous un élégant abri de pierre, est accroupi le colossal taureau de Tanjore, célèbre dans l'Inde entière.

D'autres taureaux plus petits sont placés à profusion comme ornements sur les saillies des monuments et forment une frise continue tout le long du mur d'enceinte qui domine les chapelles et les colonnades.

Il faut tout admirer dans cet ensemble de constructions. Chaque édifice a son caractère propre et les sentiments que peut exprimer l'architecture : la légèreté, la force, la grandeur, la richesse, la simplicité, le calme ou le mouvement, la stabilité ou la hardiesse, tous ces hymnes que l'architecte peut faire chanter, tout cela est exprimé avec un rare bonheur ; le temple tout entier est un vaste poème, une épopée religieuse dont la forme est claire, les procédés ingénieux, les détails charmants.

Le grand taureau qu'on voit en entrant est représenté couché la face tournée du côté du sanctuaire ; il est en porphyre brun et paraît en bronze brillant, à cause de l'huile et du beurre fondu dont il est constamment arrosé. Placé sur une sorte d'estrade à plusieurs degrés, il est protégé par un dais en pierre à double colonnade dont les profils sont si minces, les épaisseurs paraissent si grêles, qu'on croirait voir un abri fait de planches et de bâtons, et l'on est tout surpris de constater que l'édifice est construit avec d'énormes monolithes sculptés et des dalles immenses. Le but de cette apparence frêle et délicate est évidemment de faire ressortir l'aspect massif et gigantesque du monstre que le monument recouvre ; l'architecte y est si bien arrivé que le taureau, qui n'a que six mètres de long, paraît en avoir près de vingt ; c'est un mastodonte sous une feuille de papier ; seulement la feuille de papier est en granit.

Ce taureau adore Shiva, dont il est la monture, le véhicule : Vahan. Il faut remonter jusqu'aux hymnes védiques pour retrouver le sens de ces symboles étranges ; on y voit l'éclair comparé à un taureau bondissant qui féconde les nuées, vaches célestes ; le soleil est aussi un taureau qui s'unit à la terre ; l'aurore une génisse, le ciel étoilé un bœuf ; et l'animal est blanc, tacheté ou noir selon qu'il représente le jour, l'orage ou la nuit. Le taureau de Shiva est noir – du moins à Tanjore –, c'est un être nocturne, peut-être funéraire; toutes les nuits, il se lève et se promène dans la nuit autour du temple; on allume le soir de grands feux dans l'enceinte pour éclairer sa marche mystique. Apis était comme lui un taureau funéraire, une incarnation d'Osiris, le dieu des morts, le soleil de la nuit. Disons-le en passant: les bœufs de l'Égypte, Mnévis, Apis, la vache Athor ne trouveront probablement leur véritable origine que dans les Veda où l'image a un sens; espérons même que les chroniques des bords du Nil, qui deviennent de plus en plus précises, donneront plus d'une date à l'histoire des Indes.

Les indigènes ne sont pas bien d'accord sur le nom qu'il faut donner à ce taureau. Généralement on le nomme Nandi. Mais les brahmes savants prétendent que Nandi «le Bienheureux» est le taureau qui garde la porte des enfers; c'est lui que nous apercevons en entrant dans une chapelle à gauche. Ce concierge funéraire est souvent représenté avec un corps d'homme et une tête de taureau, il tient alors une massue: c'est ainsi que le reproduisent certains vases grecs, minotaure inflexible qui tue jeunes gens et jeunes filles.

Le grand bœuf qui adore Shiva et tantôt lui sert de monture, tantôt se couche devant son temple, serait Darmadevan, le symbolisme de la vertu, du devoir, de la loi respectée.

Nous laissons à de plus habiles le soin d'élucider ces questions, et nous continuons notre examen des monuments qui nous entourent.

Le temple est une haute pyramide à pentes rapides. Il est précédé d'un énorme perron qui a toute la largeur de la base pyramidale; et comme l'architecte l'a entouré d'une muraille couronnée de taureaux et qui avance beaucoup, ce qui donne de l'assiette au monument, il en résulte qu'on ne voit que le haut de l'escalier, qui aboutit à une porte basse et entoure la haute porte du sanctuaire dont la couverte seule est visible;

cet escalier, qu'on devine, paraît infini ; il grandit l'édifice de tout ce que l'imagination lui ajoute ; ces degrés qui s'étagent à distance semblent escalader quelque olympe ou plonger dans quelque enfer. Le simple mur qui cache la vue donne l'impression d'une mystérieuse immensité.

La grande tour pyramidale a seize étages et se termine par une sorte de turban ornementé qu'on prétend être d'un seul bloc. Elle peut avoir la hauteur des clochers de Notre-Dame de Paris. Les fenêtres que l'on voit à tous les étages et dont les creux donnent de la légèreté à la masse ne sont que des niches dans lesquelles, les jours de fête, on allume des lampes. Tout le monument est compact, comme une pyramide égyptienne. Le sanctuaire seul forme un vide central.

En faisant le tour de l'édifice on découvre une petite merveille. Sur la verdure des cocotiers se détache le temple de Subrahmanya, qui est comme une réduction du grand temple placé à côté de lui : un vrai bijou, on peut le dire, car c'est plutôt de l'orfèvrerie sur pierre que de l'architecture. J'ai vu la grandeur des monuments égyptiens et l'harmonie des temples d'Athènes ; je connais la richesse des cathédrales gothiques et l'élégance des œuvres de la Renaissance : sans rien enlever à tous ces chefs-d'œuvre consacrés par l'admiration des siècles, je puis déclarer que le petit temple de Tanjore est une perfection d'harmonie, de richesse, d'élégance et même de grandeur, malgré ses proportions restreintes.

Le paon est consacré à Subrahmanya. Dans les détails des sculptures cet oiseau est plusieurs fois représenté ; même aux angles des trottoirs on a imité des groupes de paons couchés.

Il est probable que dans le naos intérieur se cache quelque idole que personne ne peut voir ; mais le dieu choyé et adoré se trouve dans une niche extérieure, c'est un personnage richement vêtu, accompagné d'un paon vu de profil. Cette statue est tellement arrosée de beurre fondu qu'on a établi à sa base une énorme gargouille au bout de laquelle les fidèles peuvent recueillir la graisse sacrée qui tombe goutte à goutte.

Ce dieu est appelé ordinairement Vishnou au paon, mais les brahmes assurent que Subrahmanya n'a aucun rapport avec Vishnou, et que c'est au contraire un des quatre fils de Shiva. À l'époque du *Ramayana*, où il était de mode d'expliquer tous les mythes par des combats de dieux contre les géants, on fit une légende à Subrahmanya. Shiva le fit sortir de son front pour détruire le géant Soura-parpma, nom qui signifie « soleil perclus » et rappelle le Vulcain boiteux, le feu précipité du ciel, le soleil couchant pour mieux dire. Ce géant, à force de pénitence, avait obtenu le gouvernement des trois mondes et l'immortalité ; mais il devint si méchant que Dieu fut obligé de le punir ; il envoya contre lui Subrahmanya (*subra*, « briller » ; *manya*, « bijoux ») qui le combattit inutilement pendant dix jours, mais ensuite il se servit de la *velle*, arme qu'il avait reçue de Shiva (*vallé*, « qui couvre » ; peut-être le nuage, – *vêll*, « vaciller comme une lampe qui s'éteint » – *vela*, « limite, horizon », on a le choix de l'étymologie) et qui coupa le géant en deux ; ces deux parties se changèrent l'une en paon, l'autre en coq. Subrahmanya leur donna un meilleur cœur, et alors ils reconnurent Shiva. Voilà le point d'arrivée de la légende, mais pour nous ce sera le point de départ du mythe. Il est facile de reconnaître dans ces deux oiseaux la nuit et le jour, le ciel et la terre. Le dieu avec son paon est donc la voûte étoilée qui se meut autour de la terre. Il est représenté souvent avec six têtes, qui correspondent justement aux six pléiades indiennes, et avec deux épouses, l'une grande, l'autre petite, qui pourraient bien être la Grande Ourse et la Petite Ourse.

Voilà donc un mythe céleste important, une forme de *varouna* aux yeux innombrables, et fétiche du ciel nocturne, qui a dû jouer un rôle considérable. Les shivaïtes l'ont relégué au dernier plan, ne l'honorant que d'une parenté subalterne avec leur dieu. Mais Subrahmanya se retrouve dans les principaux temples de Shiva et n'est pas, comme Sokker de Madurai, un dieu local.

Aussi les temples de Tanjore, du moins ceux que nous admirons pour le moment, paraissent-ils avoir un caractère franchement brahmanique ; on n'y trouve aucune légende, aucun nom spécial qui puisse indiquer une origine plus ancienne, et c'est à la période sectaire qu'il faut faire honneur des merveilles qui nous ont frappés.

Les chapelles qui sont autour de la cour forment comme une espèce de musée ; il y a de tout. D'abord un énorme taureau monolithe presque aussi grand que celui que j'ai décrit et tout aussi luisant de beurre fondu. Celui-là serait le vrai Nandi. Puis des lingams en pierre noire ; quelques fragments d'un beau style provenant sans doute d'un monument plus ancien, notamment un buste de femme à tête de truie, peut-être Mme Vishnou lorsque son mari était sanglier. Plusieurs statues représentent des dieux moitié homme et moitié serpent, les mains sont jointes et la coiffure rappelle le pschent d'Osiris. Le fond des chapelles est enlaidi d'affreuses peintures modernes, et les soubassements représentent en rouge des rajahs, des caporaux et leurs *payses*, le tout mêlé à des dieux qui ne paraissent nullement étonnés. Une inscription nous apprend que ces horreurs, datant de 1875, ont été exécutées par les ordres du rajah de Sacaranisaïb et représentent les soixante jeux sacrés du dieu de Madurai. Voilà bien, en plein shivaïsme, le dieu local qui reparaît.

Recueillons, en passant, quelques-unes des légendes représentées.

Un rajah nommé Pandi, étant à la chasse dans les bois qui entourent Madurai, rencontra un sanglier avec sa femelle et ses petits. Il tua le père et la mère, et subitement la déesse Meenakchi qu'on adore dans le grand temple fut prise de compassion pour les jeunes marcassins devenus orphelins. Elle supplia son mari Soka-lingam, qu'on a assimilé à Shiva, de prendre en pitié les pauvres animaux. Le dieu ne fut pas embarrassé pour si peu : il s'incarna en truie et allaita les petits. Grâce au lait surnaturel les marcassins devinrent des êtres fort raisonnables, ils ne conservèrent du sanglier que la tête et remplirent dans le palais du roi les fonctions d'huissiers de la chambre.

Autre jeu sacré : Soka-lingam, qui aimait beaucoup les métamorphoses – il faut bien passer le temps – prit la figure d'un saint *Pandora* et se mit à faire des miracles de féerie. Il vieillissait les jeunes et rajeunissait les vieux ; il guérissait les aveugles, mais aveuglait ceux qui voyaient clair ; il déplaçait les grands arbres et se livrait à toutes les facéties que lui inspirait son pouvoir surnaturel. Le rajah Abitche Pandi, pour savoir à quoi s'en tenir sur la nature divine du saint *Pandora*, lui demanda de faire un miracle spécialement en son honneur. Le dieu très complaisant, comme on voit, changea une grosse pierre en éléphant qui vint manger une canne à sucre que le roi tenait à la main. Ce dieu singulier qui aime à faire des plaisanteries a été primitivement – nous l'avons constaté en parlant de Madurai – un dieu sidéral. Il serait curieux de le suivre dans sa carrière de dieu et de voir comment il est descendu peu à peu des régions célestes pour se familiariser avec ses adorateurs. Le dieu Krishna, le *soleil de nuit*, a eu le même sort, et de terrible est devenu aimable et farceur.

On conserve dans le temple de Madurai un vieux manuscrit qui rapporte sur la fondation de l'édifice une légende évidemment faite après coup par les brahmes ; cette légende, au lieu d'éclaircir la question qui nous occupe, ne fait que la compliquer davantage, mais ce document me paraît trop important au point de vue de l'histoire religieuse de l'Inde pour que je n'en donne pas un résumé rapide.

Indra, le roi des dieux, avait un confesseur, un *gourou*, un directeur spirituel chargé de l'avertir de ce qu'il devait faire pour ne pas commettre de péchés. Un jour, par je ne sais quelle inadvertance, le roi des dieux offensa son confesseur, qui se mit fort en colère et donna sa démission.

La conséquence fut que le malheureux monarque suprême tomba dans les mauvaises voies et mit le comble à ses mésaventures morales en commettant le plus horrible des péchés, en tuant un géant qui l'avait attaqué, il est vrai, mais qui était de la caste des brahmes.

Indra fut alors si tourmenté par de tels remords de conscience, qu'il se retira du monde et ne trouva rien de mieux que de se réfugier dans la tige d'un lis d'eau.

Le trône divin devenait vacant. Les dieux furent obligés de choisir pour successeur à Indra un mortel qui avait été assez fort en sorcellerie religieuse pour avoir forcé la main aux êtres divins et pour obtenir le pouvoir suprême. Ce mortel avait accompli cent fois de suite l'*aswa meda*, le sacrifice du cheval (*meda*, «mets»; *aswa*, «cheval»); il paraît que, lorsqu'on a fait manger aux immortels une très grande quantité de cette viande, ces hippophages ne peuvent rien vous refuser. Mais, tout en se soumettant, les dieux se promirent bien de se venger à la première occasion. Or, cet homme insatiable osa réclamer la main de la déesse Indrani, la reine des dieux; malgré l'indignation de la déesse, la demande de l'intrus fut acceptée par l'Olympe, et tout fut préparé pour les noces. Mais, tandis que l'ambitieux mortel était porté en palanquin par les saints du paradis indien, les rishis, il ne put contenir son impatience et s'écria: *Sarpa, sarpa!* ce qui signifie «en avant!» et ce qui veut dire aussi «serpent». Les saints utilisèrent le calembour et firent semblant de comprendre que le fiancé demandait à être changé en serpent; la métamorphose eut lieu immédiatement, et le trône fut de nouveau vacant.

Sur ces entrefaites, le gourou d'Indra, qui avait eu le temps de se calmer, engagea Indrani et les autres divinités à aller à la recherche du dieu coupable. L'ayant enfin trouvé dans sa tige de lis, le saint homme l'informa qu'en faisant des pèlerinages à tous les sanctuaires du monde, il pourrait obtenir l'absolution de ses péchés. Pour se conformer à cet avis, Indra se mit à errer de temple en temple, à visiter tous les lieux saints, sans obtenir pour son cuisant remords le moindre soulagement. À la fin, l'illustre pénitent arriva dans une belle forêt, et subitement, il se sentit soulagé du fardeau de son crime. Dans la joie de son âme, il se demanda quelle était la cause de son heureuse délivrance, et, en cherchant avec soin tout autour de l'endroit où il était, il trouva au bord d'un étang un lingam, symbole du dieu Shiva. Aussitôt Indra fit venir l'architecte de l'Olympe et entoura le précieux emblème d'une construction toute resplendissante d'or et de pierreries. À côté il éleva un sanctuaire en l'honneur d'Ishwari, femme de Shiva ; et comme il avait besoin de fleurs pour orner le lingam, l'étang se trouva tout à coup recouvert de lotus d'or ; alors Indra adora l'emblème avec ferveur. C'est ce même lingam qu'on voit encore dans le sanctuaire du temple de Madurai.

Nombreux sont les enseignements que nous fournit cette histoire.

À mesure qu'on lit cette légende, on assiste à sa confection, chaque incident intervient comme une leçon, et l'étrangeté du récit en démontre le but. On sent que dans la rédaction on ne s'est même plus préoccupé du dieu local, qui était une dyade astronomique, mais que les sectateurs de Shiva, qui se sont approprié le sanctuaire, lui ont créé de toutes pièces des origines shivaïtes sans s'inquiéter du reste.

Le manuscrit du temple nous reporte par conséquent à l'époque de l'intrusion sectaire dans les cultes locaux, et nous fait voir que, pour Madurai, cette assimilation eut lieu dans cette période mixte où les dieux védiques étaient encore en honneur, car c'est Indra, le grand dieu de la seconde série des Veda, qui y est considéré comme le roi des immortels.

Lorsque la chronologie relative que nous enseigne la littérature indienne sera devenue, grâce aux archéologues, une chronologie positive, le manuscrit de Madurai trouvera sa place et sa date tout naturellement. Mais il faudra réserver avant cette date un laps de temps considérable pendant lequel aura dominé le culte pur de Meenakchi et de Sokker.

Il y aurait encore bien des détails intéressants à signaler dans le beau temple de Tanjore, mais il faut se décider à le quitter.

À la gare, où nous allons déjeuner, nous trouvons tout sens dessus dessous. On attend le rajah de Tanjore, ou plutôt le mari de la rajahte, ainsi que la rajahte elle-même, car, le dernier rajah étant mort sans postérité mâle, les Anglais ont marié sa fille à un prince consort. Ce ménage n'a eu que des filles ; c'est tout à fait correct ; ces filles épouseront les princes désignés par le gouvernement, et l'on n'aura aucune difficulté du côté des prétendants.

La salle d'attente est drapée d'étoffes voyantes. En avant de la gare, on a dressé une vaste marquise ou plutôt une tente orange ornée de guirlandes de fleurs sans feuilles, blanches, jaunes, rouges, et de guirlandes vertes de feuilles sans fleurs.

Sur la place, une foule attend et regarde les soldats, les bayadères, les éléphants, les grands dignitaires qui viennent au-devant du souverain. L'occasion est solennelle, car le rajah est allé à Delhi proclamer, avec tous les rajahs de la péninsule, la reine d'Angleterre impératrice des Indes.

Les grands dignitaires sont vêtus de blanc et ont des turbans très artistement agencés. Les éléphants portent sur leur dos des espèces de reliquaires ; on a peint leurs trompes en rouge rayé d'or et leurs oreilles en bleu. Les bayadères sont correctes et ont la beauté froide qui les caractérise.

Quant à l'armée, représentée, je suppose, par un simple échantillon, elle est des plus cocasses. Les soldats sont vêtus de la défroque de l'armée anglaise ; les costumes, variés de forme et de couleurs, remontent à toutes les époques ; on pourrait trouver là des témoins de toutes les guerres des Indes. Je ne sais si les sabres, les briquets, les coupe-choux et les épées peuvent sortir de leurs fourreaux, mais les fusils sont en bois, entièrement en bois, ce qui est prudent par la chaleur qu'il fait ; un trou qui simule la bouche du canon est orné d'un plumet. Les officiers ont pour coiffure des turbans ou des bonnets en papier doré ; les soldats ont des shakos de jonc tressé recouverts de toile cirée, et les musiciens, car il y a une fanfare, portent un casque antique de dragon Louis XV.

Le lecteur va me faire observer que j'oublie l'important. Lorsqu'on décrit l'armée d'une nation, il faut étudier avec soin comment elle est chaussée. Les soldats du rajah de Tanjore portent-ils le brodequin, la botte, le soulier découvert ? Ont-ils la guêtre dans le pantalon ou le pantalon dans la guêtre ? La guêtre, elle-même, est-elle lacée ou, ce qui est le plus intéressant, a-t-elle des boutons ?... L'intendance de Tanjore me paraît avoir résolu cette grave question de la manière la plus heureuse et la plus économique : les soldats du rajah marchent nu-pieds.

Pendant que nous examinons ces préparatifs, trois Européens tournent autour de nous, nous considèrent, chuchotent entre eux, finalement nous demandent qui nous sommes. Nous déclinons nos noms et qualités, et à notre tour nous apprenons que nous avons affaire au collecteur d'impôts, à l'aide-collecteur et au secrétaire du collecteur. Ce sont les seuls Anglais qui habitent Tanjore, et vraiment on peut admirer la Grande-Bretagne qui administre tout un royaume avec trois employés et une armée de carnaval.

Ces messieurs sont venus avec leurs femmes pour recevoir le rajah et la rajahte. Ils nous offrent de nous joindre à eux et de prendre part à la cérémonie. Comme nous nous excusons sur notre tenue de voyageurs, ils nous font observer qu'eux et leurs ladies sont venus là en costume de jardin et n'ont fait aucune toilette, ce qui est vrai.

Le train arrive et s'arrête. Le wagon royal est hermétiquement fermé, comme une voiture cellulaire. Pourtant un volet à coulisse se lève de quelques centimètres, et un bras tout doré se montre. Au bout du bras une main couverte de pierreries s'agite avec frénésie. Ce bras d'or est celui du rajah lui-même ; la main indique d'une manière assez éloquente qu'il fait, dans la boîte royale, une chaleur affreuse et qu'il faudrait ouvrir au plus vite. Mais il paraît qu'il manque encore quelque chose au cérémonial de la réception et personne ne vient secourir cette main désespérée qui tape avec véhémence sur la caisse de la voiture.

Enfin le collecteur se décide et, sans se presser, va ouvrir.

Le rajah apparaît ; son costume est superbe, tout de brocart d'or avec des soieries violettes par-dessous. Sur son large chapeau, une aigrette et des brillants. Il descend rapidement et ferme lui-même avec vivacité la portière derrière lui. On entend dans le wagon des voix de femmes.

Le rajah nous serre la main à tous et salue les dames. Il raconte qu'il est émerveillé des splendeurs qu'il a vues à Delhi. Il montre avec complaisance les cadeaux qu'il a reçus, médaille commémorative, portrait de l'impératrice d'Angleterre... tout à fait un écolier qui revient dans sa famille après une distribution de prix.

Mais on tape dans le wagon. C'est la rajahte qui voudrait bien descendre. J'ouvre de grands yeux, Régamey saisit son crayon... Le collecteur nous dit que les hommes doivent se retirer, et aussitôt on tire des voiles épais qui vont de la salle d'attente au wagon. Les dames restent pour recevoir l'héritière des rajahs de Tanjore.

Il est curieux de voir les Marathes, qui sont brahmaniques, avoir pris aux musulmans, leurs ennemis, et le turban et l'usage de cacher leurs femmes.

Nous faisons le tour de la gare, espérant voir quelque chose du côté de la tente orange ; mais la tente orange est close. On y a enfermé le carrosse de la princesse, dont le cheval a été dételé et attend au-dehors avec le cocher que toutes les ouvertures soient bien fermées.

La tente s'ouvre enfin et nous entrons un peu trop tôt, paraît-il, car nous voyons la toute jeune fille du rajah qu'on lui a amenée ; elle peut avoir cinq à six ans ; elle est entièrement nue ; pour tout ornement un bijou sur le front et une perle fixée à la narine. On la met précipitamment dans la voiture, ce qui nous permet de voir le nez de la rajahte et le superbe rubis qui en orne l'extrémité. La voiture fermée, attelée, s'en va sous bonne escorte ; vous savez, les fusils de bois. Mais la grande cérémonie de la réception n'a pas encore eu lieu et va commencer.

On nous fait mettre en ligne sur le haut du perron de la gare, le collecteur, les dames et nous. Le rajah est en bas, en face de nous, entouré de sa cour et des bayadères.

On lui apporte des colliers de fleurs, qu'il nous passe autour du cou avec beaucoup de respect et de témoignages de sympathie. Puis il s'avance, tenant en main un plat d'or chargé de présents. Ce sont de petits paquets entourés de feuilles fraîches. Nous faisons quelques difficultés à accepter ces richesses auxquelles nous ne nous reconnaissons aucun droit. Mais le rajah nous met à notre aise.

– *Touch only !*

«Touchez seulement.» On voit que l'usage des cadeaux princiers aux Indes s'est beaucoup simplifié. On recevait des présents superbes, et il fallait en rendre de bien plus beaux. En somme, cela coûtait très cher aux voyageurs. J'ai encore dans l'esprit les embarras du prince Soltjkoff, quand il fut reçu dans cette même ville de Tanjore par Sivadji, beau-père du prince qui nous comble en ce moment ; je vois encore les guirlandes, les parfums, les objets précieux, les armes rares, les étoffes luxueuses dont il fallait rendre le lendemain l'équivalent avec usure. On voit bien que les Anglais, gens pratiques, ont passé par là ; « touch only », et toutes les politesses sont terminées.

Pas tout à fait cependant, car le collecteur, à son tour, couvre la robe d'or du rajah de guirlandes parfumées et lui présente aussi, sur un plat, un petit paquet de feuilles fraîches que le prince touche du bout des doigts. J'ai su que c'étaient des feuilles de bétel avec de la noix d'arec. Les Indiens mâchent ce mélange toute la journée.

Après ces échanges de bons procédés entre le rajah et nous, chacun se retire. Les honneurs que nous a rendus le rajah nous engagent à lui faire une visite. D'autant qu'une promenade à son palais était dans notre programme. Seulement, trouverons-nous une voiture qui nous permettra de nous présenter convenablement et surtout d'éviter le soleil épouvantable qui calcine les rues de la ville ?

On ne tarde pas à nous amener deux véhicules au choix. L'un, attelé d'un petit cheval antique, est une de ces cabanes ambulantes dont se servent les bohémiens. Il y a place pour deux personnes, et l'on s'y introduit à grand-peine ; l'autre est une petite charrette à bœufs recouverte de toile ; on y a soigneusement étendu une botte de paille de riz. Nous retenons les deux voitures, car nous sommes trois, *le Père* est avec nous.

Nous l'avons retrouvé hier, assis à l'unique table de l'unique hôtel de Tinuchirappalli ; il avait pris avec nous ce matin l'unique train pour Tanjore. Nous venons de dévorer ensemble l'unique boîte de conserve qui ornait le buffet de la gare, et nous l'avons arrosée de l'unique bouteille de bordeaux que possédait le susdit buffet.

Ici se présente une question de haute convenance. De ces deux voitures de gala, quelle est la plus honorifique ? Nous décidons que c'est la cabane à bohémiens ; *le Père* s'y installe non sans difficulté ; nous nous jetons sur la paille de la charrette, et l'on part au grand trot. Mais après quelques tours de roue nous entendons *le Père* pousser de grands cris. Le cortège s'arrête.

*Le Père* a des remords; il nous fait comprendre que c'est nous qui avons un rôle officiel et que c'est nous qui devons monter dans la cabane. Comme on est atrocement mal sur la charrette, nous nous laissons convaincre et nous escaladons la boîte à bohémiens.

Notre égoïsme fut bien puni!

On ne peut pas se figurer ce que c'est qu'un carrosse indien. Les genoux, les coudes, les épaules, la tête, toutes les parties saillantes du voyageur reçoivent des contusions incessantes; si ce n'était la crainte d'une insolation, nous ferions bien volontiers le trajet à pied. Mais il nous faut, sous peine de mort, recevoir philosophiquement nos meurtrissures et attendre une occasion qui nous permette de rendre au *Père* les honneurs qui lui sont dus… et de reconquérir le matelas de paille de la charrette à bœufs.

Tanjore, que nous traversons pour aller au palais, nous semble une ville de temples, vide d'habitants. À chaque pas, ce sont des clochers sculptés, des tours sacrées, des gopura, des escaliers montant à des sanctuaires; et, devant chaque monument, un char en bois minutieusement travaillé est destiné à porter les idoles les jours de fête.

Pour le moment ces chars sont couverts d'abris en chaume ayant pour but de les garantir, non de la pluie, mais du soleil, qui, à l'heure qu'il est, donne une chaleur tellement intolérable que les rues sont complètement désertes. Nos deux voitures cahotantes ont l'air de parcourir une ville morte; le bruit de leurs roues résonne seul dans la cité endormie par cent vingt degrés Fahrenheit.

Au palais nous nous adressons au grand intendant, jeune homme à la figure intelligente. Il nous dit que le rajah se repose; je comprends ça; mais il nous offre un guide pour visiter le palais: c'est l'essentiel.

On nous mène d'abord au jardin, dont les allées tracées à angle droit n'ont rien de bien remarquable. Il faut pourtant signaler une grande treille à fleurs supportée par des colonnes égyptiennes rappelant les formes ptolémaïques des temples de Philae dans la Haute-Égypte, et aussi des groupes de beaux aréquiers, sorte de palmiers deux fois plus grands que le cocotier et dont le tronc vert et lisse, toujours scrupuleusement vertical, se termine par une petite touffe de palmes serrées.

Les jardiniers nous offrent des bouquets, et l'on nous fait passer dans la cour des bêtes féroces.

De malheureux tigres accablés de chaleur tirent la langue dans des cages à doubles grilles, où, par surcroît de précaution, on les a enchaînés.

La cour est très vaste et doit servir pour les parades, les revues, les combats d'animaux et l'exercice au fusil… de bois, comme on sait. Le véritable ornement de ce grand espace est sans contredit sept éléphants énormes qui sont rangés comme des monolithes vivants le long des murs à droite et à gauche de chaque entrée.

Ils sont enchaînés, au gros soleil, dans des espèces de cuvettes dallées, dont la température doit s'approcher de celle des plaques de fonte rougies. On a servi à chacun une provision de foin. Mais, au lieu de le manger, ils l'ont soigneusement placé sur leur tête et leur dos pour s'en faire des turbans et des couvertures qui les abritent des ardeurs solaires. On voit que si les éléphants sont intelligents ici, c'est surtout parce que les hommes ne le sont pas.

L'intérieur du palais est un labyrinthe avec de longues galeries arabes en ogives, des cloîtres, des cours, des salles sombres, des coins noirs, et des dieux qui se cachent à chaque pas, dans les niches des murailles.

Une cour assez propre sépare deux grandes salles ouvertes ; l'une est le salon, l'autre la salle du trône.

Le salon est une bibliothèque et un musée. On y voit d'assez beaux ouvrages français du XVIIIᵉ siècle du temps de la Restauration. Dans un couloir, on a relégué deux belles mappemondes du temps de Louis XIV. Les peintures religieuses brahmaniques sont suspendues aux murs et alternent avec des chromolithographies de Paris : *l'Automne, l'Été, l'Hiver,* etc., représentés par des femmes du monde de 1830.

La salle du trône est un mélange de grandeur et de cocasseries. Au centre, la statue en marbre du dernier rajah, Sivadji, est dans l'attitude de la prière, les mains jointes et les yeux levés au ciel. Sa longue robe, son chapeau à cornes et sa moustache lui donnent un faux air du cardinal de Richelieu. La statue est signée Chantrey.

Comment décrire toutes les curiosités de mauvais goût entassées dans cette immense halle ? Trois pianos à queue désaccordés, et dont l'un porte la date de 1800. Sur de larges tables, boules de cristal, fleurs artificielles sous des globes, fruits en cire, oiseaux en verre filé et autres objets d'art. Un divan-balançoire tout doré. Des pendules style Empire : Ajax, le beau Dunois et autres héros qui ont la spécialité d'indiquer l'heure, à moins que la pendule ne soit arrêtée, ce qui est le cas. Et puis ces peintures émouvantes inspirées des romans de Balzac avec les légendes explicatives : *Elle devient grande dame, Elle est en prison, Elle quête pour les pauvres.* À côté, d'énormes lanternes fantastiques en forme d'oiseaux à tête de femme, à pieds de gazelle.

La salle elle-même est ornée de divinités aux couleurs criardes, et les murs sont couverts de peintures représentant des acteurs de cirques, des lutteurs et beaucoup d'anges ailés qui se font des plaisanteries. Les colonnes sont brunes, ornées de pampres blancs, les chapiteaux sont jaunes, les poutres vertes et le reste à l'avenant.

J'oubliais, dans mon rapide inventaire, un lit indien avec baldaquin en verroteries, des chaises longues en bambou, des lapins vivants et des cochons de mer dans des cages très sales et une harpe sans corde.

La cour, à laquelle on descend par quelques marches, est dominée par un assez beau dôme de forme arabe. Il doit abriter le sanctuaire du palais.

On voit que le rajah Sivadji a laissé des souvenirs nombreux. Il avait été élevé à Madras et avait beaucoup protégé le missionnaire protestant Schwartz. On conserve avec soin les défroques du rajah. *Le Père* a l'idée de mettre sur sa tête un des étranges turbans qu'on nous montre ; aussitôt les gens du palais courent chercher un miroir et ne souffrent pas que *le Père* se débarrasse de sa coiffure avant qu'il ait admiré dans la glace la bonne mine que lui donne un turban de rajah brahmanique.

Les jésuites du XVIIIe siècle eurent un certain succès dans leur mission de Tanjore. Ils avaient fait construire une église qui était placée à mi-chemin entre le grand temple de Shiva et le palais du rajah. Les brahmes obtinrent de faire détruire cette église, et voici comment ils s'y prirent. Shiva lui-même, ou du moins l'idole qui était dans le sanctuaire, se mit à rendre des oracles ; le peuple assemblé entendait sa voix, et le dieu se plaignait de ne plus pouvoir rendre visite aux habitants du palais, à moins de faire un grand contour, car le temple des *brahmes du Nord* avait coupé sa route et il ne pouvait plus passer là où était le dieu des chrétiens. C'était reconnaître au dieu des chrétiens une grande puissance, mais en même temps signaler au rajah un grand danger, puisque le temple catholique le privait des bienfaits de Shiva. L'oracle eut un plein succès : le rajah fit démolir l'église des jésuites. Et depuis ce temps le Shiva de la grande pagode est surnommé *matta*, «démolisseur».

Les brahmes, toujours très puissants dans cette ville qui n'a pas cessé un instant d'être brahmanique, ne se privaient jamais d'exploiter la crédulité de leurs rajahs.

Les missionnaires du siècle dernier racontent qu'un jour on avertit le roi que le dieu Manar versait des larmes. Le dieu Manar étant en granit, le fait parut assez surprenant; mais, aux Indes du moins, en fait de prodiges on est prêt à tout.

Le roi et toute sa cour se rendirent au temple de Manarcovil et virent parfaitement que la statue pleurait. Les prêtres expliquèrent que le chagrin du dieu venait de ce que le rajah le délaissait; dans le temps, le roi venait souvent au temple, et à chaque visite laissait des preuves de sa générosité; peu à peu les visites avaient cessé, et Manar semblait inconsolable.

Le roi fut à la fois touché et flatté. Il fit compter aux brahmes mille roupies qu'il avait apportées, et se retirait l'âme satisfaite, lorsqu'un de ses officiers fit entourer de soldats l'idole désolée et, l'examinant avec soin, reconnut qu'elle avait dans la tête une éponge imbibée d'eau.

Le rajah ne fut pas très content.

Cette anecdote, qui rappelle certains miracles d'Europe, est mise sur le compte des brahmes, mais ce doit être une erreur, car les prêtres de l'Inde ne reconnaissent pas le dieu Manar et ne lui rendent aucun hommage. En vain a-t-on essayé de l'assimiler à Subrahmanya ou à Shiva lui-même. Ses temples, très petits, sont dans les champs. Ordinairement on construit près de la porte trois figures colossales de briques, représentant des bouddhas assis, Adi-Bouddha, le bouddha passé, Sakyamuni, le bouddha présent, et Mahetreya, le bouddha futur.

En dedans, outre le lingam qui est la figure principale, on trouve celles des quatre fils de Shiva, personnages astronomiques, et celles de douze vierges qui peuvent être les douze heures du jour, les douze signes du zodiaque ou les douze mois de l'année. Ce sont des *choutres*, descendants des anciens prêtres locaux, qui y font des cérémonies journalières et c'est eux qui ont dû essayer de tromper le rajah.

On voit une fois de plus que, même à travers le brahmanisme actuel, même à travers le bouddhisme qui a laissé ses traces, on peut entrevoir le culte sidéral qui dominait dans l'Inde du Sud. Il serait intéressant de reconstituer cette religion perdue et de la comparer aux religions analogues de la Perse et de l'Égypte. Mais ce ne sont pas les œuvres brahmaniques, écrites après coup, ni les œuvres védiques, créées par des populations d'un autre pays, qui pourront nous renseigner à cet égard. Seules les études ethnographiques et archéologiques faites sur place seront à même d'élucider ces curieux problèmes.

Le mot *manar* lui-même peut venir de *ma*, « lune », de *mana*, « créateur », ou de *manas*, « esprit ». On tourne, en somme, dans le même ordre d'idées. Le bouddhisme, qui avait adopté ce dieu, indique l'importance qui s'attachait à son culte ; et c'est peut-être à cause des faveurs bouddhiques que les sectaires brahmaniques n'en ont plus voulu.

Lorsque les missionnaires catholiques s'établirent à Tanjore, ils furent naturellement fort décriés par les brahmes. Le P. Machado fut tenu prisonnier pendant deux ans chez un prêtre de Shiva, qui le maltraita fort. Le rajah toléra la chose parce qu'on lui avait fait espérer que l'on finirait par obtenir du P. Machado des trésors considérables. Il fallut l'intervention pressante de M. de Saint-Hilaire, qui était médecin à la cour de Vellore, pour obtenir la liberté du missionnaire.

Pourtant le christianisme à cette époque se propageait d'autant mieux qu'il était persécuté. Le rajah employa un singulier moyen pour couper court à la propagande. Il fit enlever tous les enfants des chrétiens, filles et garçons, les installa dans son palais et leur fit apprendre la musique et la danse. Il organisa ce conservatoire sur un pied sévère et exigea de tous ces élèves une grande pureté de mœurs. À mesure que ces artistes grandissaient, il les mariait entre eux et créait ainsi d'excellents ménages de danseurs et de danseuses, d'honorables familles de musiciens. Et quand, à la mort du rajah, son successeur, qui n'aimait pas la musique, rendit la liberté à ces esclaves artistes qui coûtaient fort cher, ils formèrent un groupe puissant qui aida considérablement au développement du christianisme à Tanjore.

On peut se demander en quoi le rajah avait cru porter un coup à la religion envahissante par cette confiscation de jeunes chrétiens auxquels il laissait leurs croyances. Pour comprendre, il faut se reporter aux préjugés de l'Inde, à l'horreur que l'on y a pour certains métiers : réduire en esclavage des enfants de castes élevées et leur apprendre un métier infâme, musique et danse, c'était, aux yeux du roi indien, une punition plus grave que la mort même.

On peut constater la tendance des Indiens à faire des chrétiens une caste particulière. Ici ils étaient danseurs ; sur la côte de la pêcherie ils sont parias, comme avant leur conversion ; sur plusieurs points ils sont exclusivement commerçants ou exclusivement agriculteurs ; à Chittagong et dans les environs ils sont tous soldats et portent le chapeau portugais du XVe siècle, car la coiffure joue un grand rôle en ce qui concerne les castes. C'est en somme ce qui déconcerte le plus les indigènes, quand ils cherchent à s'expliquer la conduite des missionnaires, de voir qu'ils s'adressent indifféremment à toutes les classes de la société.

En quittant le palais du rajah, nous en examinons la vue d'ensemble, qui ne manque pas d'une certaine grandeur. L'appartement des femmes, élevé en belvédère au-dessus de six étages monumentaux, a un aspect des plus babyloniens ; c'est une sorte de harem suspendu d'où l'on domine le pays et d'où la vue s'étend jusqu'au rocher de Tinuchirappalli.

La nuit nous surprend à la gare, et le train qui nous ramène à Tinuchirappalli ne tarde pas à nous dévoiler, se détachant sur le ciel étoilé, la colonnade lumineuse du temple des singes.

# VI

# DE TINUCHIRAPPALLI À MADRAS

Nous avons le temps dans la matinée de voir le petit Sriringam et de faire une visite à l'évêque du Madourat, Mgr Canoz, pour lequel j'ai une lettre d'introduction.

Ce n'est pas sans difficulté que nous découvrons la demeure du prélat. Comme nous avons demandé où se trouve la maison de l'évêque, on nous adresse d'abord à l'évêque protestant, et il y a un moment de quiproquo, car le pasteur est absent et l'on nous offre de voir *les dames* ; nous avons peine à comprendre comment un évêque catholique peut avoir femme et filles.

Enfin nous trouvons le siège de la mission catholique et nous sommes reçus par l'évêque. Mgr Canoz est d'une belle prestance : il rappelle bien le *P. Robuste*, comme on l'a désigné dans les *Lettres du Maduré*. Il est entièrement vêtu de blanc, porte une calotte écarlate, une large ceinture rouge à glands d'or et sur la poitrine une riche croix d'or que cache un peu sa longue barbe blanche.

Il a fait partie de cette vaillante cohorte de missionnaires français qui de 1836 à 1840 eurent à ressaisir aux Indes l'influence qu'avaient su y acquérir les jésuites du XVIIIᵉ siècle.

La situation était alors difficile et délicate.

Les jésuites aux Indes avaient été rudement frappés à plusieurs reprises. En 1740 la question des rites malabars avait été tranchée par Mgr de Tournon aussi maladroitement qu'on avait auparavant résolu celle des rites chinois. Puis, en 1760, les Portugais chassèrent de leurs possessions les membres de la Compagnie de Jésus, comme ils les avaient chassés du Portugal ; cent vingt-sept pères et chrétiens récalcitrants furent mis à bord et jetés en prison à Lisbonne. Mais le coup le plus rude fut le bref du pape Clément XIV qui supprimait la Compagnie de Jésus en 1774.

Les prêtres de la mission de Goa furent chargés de remplacer les pères dans tous les centres religieux que les jésuites avaient créés. Mais lorsque les jésuites revinrent, ils eurent beaucoup de peine à se faire rendre des presbytères, des églises, des fidèles que les prêtres de Goa trouvaient bons à garder.

Devant ces compétitions opposées, les différents gouvernements de l'Inde restaient neutres, et les nouveaux venus n'avaient pas d'autres ressources que de montrer la bulle du pape Pie VII qui les réintégrait dans leurs anciennes missions, et de déclarer schismatiques ceux qui leur résistaient.

Les missionnaires des Indes exercent leur ministère sur de grandes étendues de territoire, aussi sont-ils presque toujours en voyage. Lorsque les pères jésuites se présentaient, ils trouvaient le plus souvent la place libre et ils s'y installaient facilement ; si les clefs manquaient pour ouvrir la cure ou l'église, on forçait les serrures, car il fallait à tout prix faire exécuter les décrets du pape. Mais lorsque le prêtre indigène revenait chez lui, il se passait des scènes singulières. Voyez-vous la situation d'un missionnaire quittant sa maison en règle avec tous ses supérieurs, satisfait d'avoir toujours rempli tous ses devoirs et revenant pour se trouver en lutte avec Rome ? Parti orthodoxe, il rentrait schismatique.

Les autorités locales donnaient raison tantôt aux uns, tantôt aux autres ; généralement elles laissaient les églises à ceux qui s'y trouvaient ; et comme chaque prêtre administre plusieurs paroisses, la grande affaire était d'arriver le premier au sanctuaire où les fidèles devaient se réunir.

Il s'organisait ainsi de véritables courses au clocher. Près de Tuticorin, le P. Mehay lutte de vitesse, fait un détour dans le bois et, grâce à la bonté de son cheval, arrive avant le prêtre indigène à l'église de Kamanayakerpatty. À Punecayel, c'est l'inverse ; le prêtre *govéar* est introduit furtivement dans l'église pendant la nuit. Mais il est chassé par les habitants, et c'est le P. Gury qui dit la messe à sa place.

Sur la côte de la pêcherie, les chrétiens s'étaient organisés en caste et avaient un chef, sorte de prince laïque, de marguillier héréditaire qui lutta vigoureusement contre les jésuites. Ces derniers, habiles à utiliser les moindres incidents, surent organiser une émeute qui força le chef des chrétiens à remettre au P. Castagnier les clefs de l'église et de la cure.

Mgr Canoz, alors simple père, raconte gaiement ses deux expéditions dans l'île de Rameswaram, au pont d'Adam, et comment il jouait aux quatre coins avec le prêtre *govéar*. Le curé indigène de Montoupettey prend les devants et s'installe dans l'île. Alors le P. Canoz va officier à Montoupettey. Le prêtre averti revient en toute hâte, et le P. Canoz en profite pour s'installer à Rameswaram.

Mais le prêtre avait emporté la clef de l'église. Il fut obligé de la rendre, sur la demande des brahmaniques, des musulmans et des Européens. C'est que le P. Canoz avait su faire comprendre qu'il était *brahme du Nord*, de haute caste, tandis que le curé était un Malabar, un noir, un *parava*, un paria pour tout dire.

Ces luttes entre les jésuites orthodoxes et les govéars schismatiques tournèrent parfois au tragique, et même le poison fut mis en jeu par les indigènes pour se débarrasser des envahisseurs.

Un jour, près de Calliditidel, l'eau de la messe manqua empoisonner les PP. Bertrand et Mehay. Le P. Mermet, qui épuisa au *lavabo* la burette à eau, échappa seul aux coliques.

Généralement, lorsque les autorités locales laissaient les

govéars en possession des lieux sacrés, il était interdit aux jésuites d'y entrer. Mais les pères, savants casuistes, ne s'arrêtaient pas pour si peu. Ils élevaient autel contre autel : à côté de l'enclos de l'église on dressait un *pandel* de bambous et de nattes, orné de fleurs et de draperies. On faisait tomber, comme par accident, un pan de mur, et la foule réunie dans l'enceinte se tournait du côté du pandel tout resplendissant de fleurs et de lumières, tandis que le prêtre indigène disait sa messe dans la solitude. La police n'avait rien à dire : on n'avait pas mis les pieds dans l'enceinte sacrée.

Les missionnaires se faisaient aider par des catéchistes indigènes qui avaient conservé les procédés disciplinaires un peu rudes du siècle dernier. Les peines corporelles étaient, à tout propos, mises en usage aux dépens des fidèles, qui, du reste, trouvaient la chose toute naturelle. Je ne parle pas seulement du jeûne complet que les Indiens de toutes les religions pratiquent en toute occasion et qui pour eux est un système de purification et non une pénitence. Je parle simplement des coups de bâton qui suivaient l'absolution des péchés ; aucune confession qui ne fût accompagnée de taloches. Les pères, loin de se fâcher, admiraient. Dans une lettre écrite à un de ses amis de Lyon, le P. Martin raconte qu'il y a fait « une douce expérience qui le comble de joie ». Ses hôtes veulent se confesser, et son catéchiste, comme pénitence, leur donne des coups de discipline sur les doigts. Les pénitents sont, assure-t-il, dans le ravissement, et le père se trouve « très consolé ».

Ce même P. Martin, qui avait si bien su trouver le moyen d'attirer les cœurs, eut encore plus de succès après sa mort. Un des premiers arrivés avec les nouvelles missions, il ne tarda pas à succomber au rude apostolat qu'il s'était imposé, et son modeste mausolée devint immédiatement l'objet d'une grande vénération. « Il paraît, écrit joyeusement le P. Garnier, que le P. Martin veut se faire canoniser en grand. » En effet, les dévots adorent le tombeau, trempent les doigts dans l'huile de la lampe et s'en frottent le front et la poitrine. Tous veulent avoir de la terre du tombeau. On lui offre du riz, du millet, du beurre, de l'huile, du coton, du sucre, des poules, des tourterelles, de l'encens, de la toile, des moutons… On lui offre des enfants qui lui sont consacrés. On se fait rouler comme un baril autour du tombeau. Les femmes aiment à en faire le tour en se traînant sur les genoux. On lui demande la guérison des malades, la conservation des enfants, la prospérité des moissons. Les femmes stériles y obtiennent la postérité. Les guérisons sont nombreuses.

Cependant, ajoute judicieusement le P. Garnier, il ne faut pas se hâter de croire à ces prodiges. Il y a même un coq sacré auquel on fait des offrandes, mais le père supérieur, qui redoute la superstition, a voué à la broche le saint oiseau.

Cela se passait en 1842. Depuis, le tombeau du P. Martin est devenu de plus en plus un but de pèlerinage.

Par ces quelques extraits, on voit que, malgré les privations, les fatigues, les luttes, la rigueur du climat, l'éloignement de la patrie, une douce sérénité n'abandonnait pas les pères, et que la gaieté, cette qualité éminemment française, était la compagne de leurs pénibles travaux.

N'oublions pas que c'est la France qui est particulièrement chargée de fournir des missionnaires aux Indes, et, si l'on peut reprocher aux jésuites cet esprit d'envahissement qui est, à tout prendre, l'essence de leur organisation et le but de toutes leurs entreprises, ils sont les seuls qui puissent rappeler aux populations de ces contrées le beau rôle que la France y a joué.

Constatons de plus que l'austérité et la pureté de leurs mœurs les mettent en mesure de lutter contre les préjugés de caste, et que c'est plutôt par leurs vertus que par la persuasion qu'ils savent attirer les âmes.

Après avoir pris congé de l'évêque de Madurai, nous traversons le Cauvery pour nous rendre au petit temple de l'île de Sriringam. Deux fois nous avons passé devant ce monument sans avoir le temps d'y entrer.

Il n'a que six enceintes rectangulaires, tandis que le grand Sriringam en a sept. Le sanctuaire et les parties qui l'entourent semblent d'une époque plus ancienne que le reste de l'édifice, et à la sobriété et à la finesse de certains détails, on peut conjecturer que le temple a été primitivement construit pour le culte *jaïna*. Une tradition constate que le dieu primitif a été Rechaba, la grande divinité du jaïnisme, que les sectaires modernes auraient assimilé à Shiva. Des peintures représentent ce dieu sous forme de lingam à tête d'homme et tout enguirlandé de fleurs.

L'ordonnance générale des constructions rappelle celle des temples de l'Égypte, ce qui serait une preuve de plus en faveur de son antiquité.

L'entrée est surmontée d'un beau gopura très surchargé de personnages. En avant, on a creusé un *tang* pour les ablutions, entouré de deux étages de colonnes.

On traverse un hypostyle aux mille colonnes, puis on passe sous un second gopura, plus petit que celui de l'entrée, avec des chapelles en avancement.

Alors se présente une vaste cour avec un dais au centre (*mandapa*) et un nouveau gopura au fond. Derrière les murailles on aperçoit un petit temple à droite et un autre à gauche presque perdu dans la verdure d'un jardin. Car, à l'inverse du grand Sriringam dont les cours sont sèches et arides, le temple que nous visitons est peuplé d'arbres et de plantes vertes.

Voici une nouvelle salle à colonnes correspondant aux péristyles des temples d'Égypte placés en avant des sanctuaires. Là nous attendent des brahmes, les mains chargées de fraîches guirlandes. Est-ce que dans les accessoires des sacristies brahmaniques les guirlandes odorantes sont toujours prêtes à orner les épaules des visiteurs ? Nous avons su, depuis, que ces fleurs ont servi le matin pour une visite du gouverneur anglais de Tinuchirappalli ; mais comme nous ignorons ce détail, nous nous confondons en remerciements et nous comblons les sacristains d'étrennes plus ou moins princières.

Le sanctuaire, toujours comme sur les bords du Nil, est entouré d'une haute muraille, que nous ne pouvons franchir. Il y a sur la gauche une petite pagode qui nous est également interdite.

En continuant notre promenade à travers les cours et les enceintes, nous retrouvons de nouvelles salles à colonnes, de nouveaux gopura, des mandapas, des tangs et des chapelles.

Notre cocher, qui nous a suivis dans le temple et nous sert tant soit peu d'interprète, ne peut franchir ces dernières enceintes à cause de l'infériorité de sa caste. C'est donc sans son secours que nous visitons la succession des jardins sacrés ornés de vastes pièces d'eau où les fidèles se plongent pour sortir ruisselants, faire leurs prières et se tracer sur le front et la poitrine de larges barres blanches.

À côté d'un tang, au milieu des cocotiers, est un arbre énorme qui ressemble à un ficus. Au pied de cet arbre et tout autour on a accumulé des pierres sculptées, représentant deux couleuvres enlacées comme autour d'un caducée ; parfois entre les serpents il y a un lingam figuré ; certains sculpteurs ont représenté le serpent à cinq têtes enroulé autour de la pierre. Ces stèles à serpents servent à faire l'acte religieux appelé *nagapoutché*, «office de la couleuvre». Les femmes sont ordinairement chargées de la cérémonie. Lorsque, à certains jours de l'année, elles veulent s'en acquitter, elles portent une de ces pierres sous l'arbre consacré, elles se baignent, et après l'ablution elles lavent la pierre, brûlent devant elle quelques morceaux d'un bois particulièrement affecté à ce sacrifice, lui jettent des fleurs, et lui demandent des richesses, une nombreuse postérité et une longue vie pour leurs maris. Il est dit dans les rituels brahmaniques que, lorsque le naga-poutché se fait dans la forme prescrite, on obtient toujours ce qu'on demande ; la prière finie, la pierre est abandonnée sur les lieux ; on ne la rapporte jamais à la maison. Elle peut servir au même usage à toutes les femmes qui la trouvent.

À propos des deux temples de Sriringam, il faut remarquer que tout temple de Shiva a, tout près de lui, un temple de Vishnou, et que lorsqu'on rencontre un temple de Vishnou, celui de Shiva n'est pas éloigné. Les sectateurs de ces dieux sont donc plutôt collègues que rivaux, et ces groupes représentent des confréries mieux que des sectes. Or, si l'on a fortifié les temples brahmaniques, ce n'est pas par crainte des sectes brahmaniques, mais pour se défendre contre un ennemi commun. Quel ? Le bouddhisme, le jaïnisme, l'islamisme ? C'est là justement ce qu'il faut chercher.

Sans doute l'examen de ces questions nous fera remonter à l'époque où le brahmanisme renaissant chassa de l'Inde le bouddhisme qui l'avait envahi. Et il est probable que les sectes unies s'approprièrent non seulement les sanctuaires brahmaniques, non seulement les temples construits par les bouddhiques, mais encore tous les monuments religieux dédiés à des dieux locaux qui furent alors assimilés aux divinités nouvelles.

Au sortir du temple, nous sommes assaillis par des brahmes qui courent après notre voiture en jouant de la trompette et tendant la main. Ce sont, nous dit-on, des mendiants de distinction qui ont droit à tous nos égards et à toute notre menue monnaie.

En route, Régamey fait le croquis d'une femme qui sèche son linge d'une singulière façon ; elle a lavé la longue pièce d'étoffe qui lui sert de vêtement et, en ayant fixé l'extrémité à une tige de bambou, elle attend, cinq mètres plus loin, que cette moitié soit sèche pour pouvoir s'en revêtir et laver l'autre moitié; c'est l'art de changer de linge quand on n'a qu'une chemise.

Nous nous sommes tant pressés, afin de ne pas manquer le train pour Madras, que nous arrivons à la gare beaucoup trop tôt. Nous en profitons pour examiner l'affluence des indigènes qui l'encombrent.

La foule s'est répandue non seulement dans les salles d'attente, mais dans les larges escaliers; elle grouille sous les grands arbres aux abords de la gare. Des marchands de fruits, d'eau, de gâteaux, accroupis, attendent silencieux que la pratique les sollicite.

Singulier spectacle que celui d'une gare aux Indes!

D'abord l'inévitable détachement de soldats anglais qui profitent des trains pour se donner le don d'ubiquité et se montrer presque simultanément dans toutes les provinces; aussi corrects, aussi gourmés, aussi vêtus et serrés dans leurs tuniques qu'ils le seraient sur le pont de Londres au milieu du froid brouillard. Le soldat anglais aux colonies est pourtant d'une espèce particulière; le recrutement se fait en Angleterre parmi les jeunes mauvais sujets, dont la mère patrie se débarrasse de la sorte. La discipline, le climat, la haute paye, le bien-être, le mariage souvent, font de ces gredins manqués d'excellents militaires dont l'esprit ardent trouve un aliment dans une vie un peu étrange et dont les appétits, mauvais conseillers dans la misère, étant satisfaits, deviennent une sauvegarde, une garantie de la conduite régulière.

Des fourgons nombreux suivent le détachement. Le soldat anglais, surtout celui des colonies, ne pourra jamais voyager avec une casserole sur le dos. Il lui faut tout un mobilier qui le suive partout, à grand renfort de wagons et de chars à bœufs.

Le gouvernement des Indes a établi, dans les parties montagneuses, des casernes admirablement disposées, de véritables grands hôtels, où l'on envoie à tour de rôle les régiments éprouvés par les chaleurs humides et débilitantes des plaines.

On trouve naturellement à la gare ces ignobles caisses cubiques insuffisamment suspendues, qui ont la prétention d'être des voitures publiques. Elles sont le plus souvent attelées de petits bœufs à bosse, qui vont fort vite. Mais les cochers qui veulent se donner un air distingué y attellent un vieux cheval assoiffé, toujours couvert de sueur et qui tire la langue en courant, comme un chien enragé. Les cochers sont généralement d'un pittoresque plein d'imprévu ; l'immense pièce d'étoffe blanche qui les couvre ou à peu près flotte au vent dans la rapidité de la course ; le turban secoué par les cahots perd son ordonnance savante et son équilibre ; quand il n'est pas à moitié défait, il penche comme un dôme qui va s'effondrer.

Le service d'ordre est fait par des policemen indigènes, d'anciens cipayes musulmans qui aux yeux des populations forment une caste nouvelle et sont l'objet d'un respect qu'ils méritent d'autant mieux que leur service est fait très consciencieusement. Les Anglais en ont du reste été si satisfaits qu'ils ont entrepris l'exportation de leurs policemen indiens. À Singapour, à Hong Kong et dans les autres colonies de l'Extrême-Orient, ce sont des Indiens qui font la police ; armés de leur court bâton, ils tapent avec entrain, au milieu des foules, sur les crânes sonores des coolies chinois, et ils inspirent une crainte salutaire, basée sur leur haute stature d'abord et ensuite sur leur esprit d'équité et leur intégrité à toute épreuve.

Les aménagements de la gare sont à peine terminés, car le chemin de fer vient d'être inauguré. À la hâte, on a écrit au-dessus des différentes portes les titres des services, mais ces inscriptions sont lettre morte pour les indigènes, qui, quand ils savent lire, ne lisent que le tamoul ; aussi voyons-nous un des employés qui d'une main apporte une cloche toute neuve destinée à faire partir les trains – ici dans les temples on agite les cloches pour faire venir les dieux – et de l'autre maintient renversée une inscription tamoule qui, transcrite littéralement, donne le mot étrange *ti-k-ke-d-dou-â-pis*, qui n'a de sens dans aucune langue, excepté en anglais, à ce qu'assurent les employés du chemin de fer ; en effet, *tikkeddou âpis* est la translittération exacte, autant qu'on peut la faire en lettres tamoules, des mots *ticket office*, et les employés certifient que les populations, à la vue de l'écriteau, n'auront pas un moment d'hésitation et comprendront immédiatement que cette inscription leur indiquera l'endroit où ils doivent prendre leurs billets.

La gare se compose de deux gares l'une dans l'autre. Une vaste maison abritée par un hangar. Ainsi le veut le climat de l'Inde ; sans cette enveloppe qui la garantit du soleil et lui épargne les pluies torrentielles des saisons chaudes, le monument serait inhabitable. Le hangar couvre non seulement le bâtiment, mais ses abords, ce qui permet aux voyageurs de faire leurs préparatifs de voyage sans être cuits sur place.

Un grand escalier à deux rampes en forme de fer à cheval conduit au *tikkeddou-âpis*. Le troupeau tamoul, qui sait que les trains n'attendent pas, se bouscule et envahit la rampe droite. Le reste de la foule attend son tour groupé sur les montagnes de bagages au centre du perron. J'ai déjà remarqué que les Tamouls aiment à se mettre en tas serrés les uns contre les autres comme les hirondelles prêtes à partir ; on dirait qu'ils ont froid. Peut-être, car ils ne sont pour ainsi dire pas vêtus, et nous sommes en hiver. Ce qui est pour nous une température accablante est pour eux, citoyens des tropiques, quelque chose comme une forte gelée.

Çà et là parmi la plèbe circulent gravement des hommes à la tête rasée, aux draperies nobles et amples comme des toges romaines, tenant en main un parapluie de Liverpool en soie : ce sont des brahmes, des brahmes authentiques et qui ont remplacé le flabellum déterminatif de leur caste par le riflard *patented*.

Le parapluie, que nous avons emprunté à la Chine où il était un insigne du mandarinat, est retourné en Orient perfectionné, réellement imperméable, patenté (mot qui ressemble à un diplôme d'honneur) et se présente aux populations comme un des plus hauts symboles de la civilisation. La preuve, disent les Hindous, que les Européens forment une race supérieure, c'est qu'ils ont tous des parapluies.

Les employés, ahuris par cette armée de voyageurs, ne savent lequel entendre ; le chef de gare se fait actif et donne des ordres, qu'on ne paraît pas comprendre. Vrai Turc d'opéra-comique, ce chef de gare : babouches jaunes recourbées en sabots de Polichinelle ; jupons de mousseline blanche et translucide, harmonieusement drapée autour de ses jambes brunes et nerveuses ; jaquette bleue et turban énorme, compliqué de violet, de brun, de rouge et d'or ; larges boucles d'oreilles et bijoux aux doigts, tel est le personnage qui doit présider à notre départ.

Il ne faudrait pas croire que cette affluence de voyageurs autour des guichets du chemin de fer soit la preuve qu'il y a ici un grand mouvement commercial. Tous ces nomades avides de vitesse sont des pèlerins. Ils sont venus à Tinuchirappalli pour faire leurs dévotions aux temples de Sriringam, et ils s'en retournent graves, pénétrés, sanctifiés, plongés dans des rêves paradisiaques, attendant sans impatience qu'on les enferme dans les wagons à bestiaux ; troupeau sacré dont le berger est chef de gare.

Ces trains de plaisir religieux amènent néanmoins beaucoup d'argent dans les pays où ils arrivent. Aussi, pour se mettre au niveau des progrès de la civilisation, les temples les plus célèbres ont imaginé d'avoir des commis voyageurs en sanctification, qui organisent les fournées en faveur de leurs sanctuaires et cherchent à amoindrir la bonne réputation des temples rivaux. Nous pouvons constater que les représentants de la maison Sriringam and C° n'ont pas perdu leur temps.

Nous trouvons dans le train une sorte de wagon-salon où des couchettes sont superposées comme dans les navires. Un double toit couvre la voiture et garantit du soleil même les parois latérales. En somme, l'installation est vaste, aérée et confortable ; comme nous devons arriver à Madras seulement demain matin au point du jour, la chose est à considérer.

Le pays que nous traversons est très riche et a de grandes lignes. On y voit des figuiers énormes dont les racines aériennes plusieurs fois replantées forment des cloîtres de verdure. Les lianes gigantesques composent avec des bambous hauts comme des palmiers un tissu inextricable, à travers lequel le tigre seul peut circuler. Des arbres étranges ont des fleurs bleues, d'autres des cloches blanches, d'autres sont couverts de plumets couleur de sang ; quelques-uns ont les feuilles orange vif ; tout cela, plaqué sur des horizons de rizières vertes, constitue un paysage invraisemblable au milieu duquel surgissent çà et là les cônes noirs des montagnes de granit.

Un accident est arrivé à la locomotive. Heureusement on s'arrête devant un petit temple fort joli. L'accident est une vache qui a été écrasée. Voilà pour nos pèlerins brahmaniques une mauvaise affaire, car la vache est un animal sacré, et tous les voyageurs ont involontairement participé au meurtre.

Nous repartons, et sur le sommet d'une haute montagne apparaît un superbe temple fortifié. On voit la pointe des gopura et les dômes sacrés saillir au-dessus des larges murailles. Du reste, les temples, grands et petits, émaillent la campagne, et à chaque instant on en voit apparaître. Dans le fond du paysage, de l'autre côté de la rivière que nous suivons, se déroulent des montagnes pittoresques. Au bord des étangs, des bergers noirs et maigres se reposent sur une jambe, aussi immobiles que des hérons pensifs.

Voici un marché en plein soleil, avec des groupes de chèvres noires, de veaux bruns, de vaches blanches et un bariolage de costumes blancs et rouges, panachés de jambes et de poitrines noires : un vrai tapis indien pointillé de noir, rouge et blanc sur un fond jaune clair, formé par le sable du terrain. Tout autour en bordure, des haies de voitures à bœufs. C'est la foire de Kuttalay.

Un mendiant échevelé approche du train et épuise les intonations et les poses les plus suppliantes : une véritable actrice des tragédies grecques.

À Coodamody le train s'arrête à côté d'un monument singulier : un petit temple à côté d'un arbre immense au pied duquel on a élevé un autel de gazon ; sur l'autel, un petit dieu ; tout autour sont serrés des quantités de chevaux en terre cuite ; l'un d'eux est colossal, et à côté de lui il y en a un encore plus grand, très ornementé et qui doit être en tchouna. Le tout est entouré d'un petit mur.

Ces enclos remplis de chevaux que nous avons souvent rencontrés dans la campagne sont dédiés à *Ayenar*, le marcheur. C'est très probablement une forme du Soleil, car tous les peuples ont supposé que cet astre était traîné par des coursiers et partout on lui a consacré des chevaux vivants ou imités. À en juger par la grande quantité de temples qui lui sont dédiés, on peut supposer qu'il a été, dans les temps primitifs, le dieu le plus important de l'Inde du Sud. Il est maintenant considéré comme une divinité de seconde classe. On l'a déclaré à la fois fils de Shiva et de Vishnou ; en d'autres termes, il est adopté par les deux sectes, qui se sont partagé les vieux dieux locaux. Il est considéré comme le protecteur du bon ordre et de la police. Dans ces petits enclos solitaires construits loin des villes, des villages et des chemins – on n'avait pas prévu les chemins de fer –, on lui sacrifie des chèvres et des coqs, animaux solaires par excellence. Il n'est pas permis de passer près de ces temples en voiture, à cheval, ni à pied avec des chaussures ; heureusement pour nous les règlements religieux n'ont pas pensé aux wagons.

Pour expliquer qu'Ayenar est fils de Shiva et de Vishnou, voici ce qu'on a imaginé. Vishnou se métamorphosa en femme sous le nom de Mogeni pour séduire les géants qui gardaient *l'amirtam*, l'ambroisie qui donne l'immortalité, liqueur qu'ils avaient extraite de la mer de lait avec le secours des Deverkels. Je ne sais quel succès il obtint auprès des géants, mais c'est Shiva, son rival, qui fut séduit par sa beauté, ne put contenir son inclination et devint avec lui père d'Ayenar. C'est le seul dieu de l'Inde à qui l'on offre actuellement des sacrifices d'êtres vivants.

Autre marché que nous apercevons sous les grands arbres ; groupes posés comme des tableaux bibliques ; des indigènes retournent chez eux, emportant sur la tête leurs paniers de provisions, et forment des cortèges d'un aspect antique ; on croirait voir les canéphores du Parthénon.

La nuit arrive et la lune éclaire avec intensité un paysage aride et désolé. De grands palmiers, minces et hauts, rappellent les épingles qu'on pique sur une carte de géographie.

Malgré notre devoir de voyageur, qui est de regarder et contempler jour et nuit les paysages que nous traversons, le sommeil nous gagne et nous ne nous réveillons que dans la gare de Madras, en plein soleil.

# VII

# MADRAS

Le meilleur hôtel de Madras, *Royal Hotel*, est un hôtel bien burlesque. Les Anglais qui voyagent avec douze domestiques ne s'aperçoivent pas de ces choses, mais nous, simples touristes, notre devoir est de le signaler.

Cet hôtel est à la campagne, à quatre kilomètres de Madras. Ces champs déserts qui l'entourent s'appellent la *ville Anglaise*; la vraie ville, où se font toutes les affaires, où demeure le gouverneur, où habitent toutes les personnes que j'ai à voir, se nomme dédaigneusement la *ville Noire*, à cause des nombreux indigènes qui s'y trouvent. C'est une habitude coloniale de la grande Angleterre, habitude facilement acceptée dans l'Inde, ce pays des castes, de mettre une démarcation tranchée entre ses sujets et les gens du pays. À Tinuchirappalli, cinq à six kilomètres séparent les villas anglaises de la ville. À Madras, quatre kilomètres ont paru suffisants.

On m'introduit dans une chambre fort malpropre. Au plafond pendent deux *pankas*, ces vastes éventails que l'on remue au moyen de cordes qui vont à l'extérieur de l'appartement et sont incessamment tirées par de malheureux parias; ces pankas, garnis de volants d'étoffe, sont noirs des traces que les mouches y ont laissées. Le lit n'a qu'un drap, et le drap est plus petit que le lit. Pas de moustiquaire au lit, quoiqu'il y ait beaucoup de moustiques dans la chambre.

Je demande à prendre un bain, ce qui paraît étonner

considérablement tous les gens de l'hôtel, et Dieu sait si les gens de l'hôtel sont nombreux ; il y a tout un peuple de turbans rouges, noirs, bruns, blancs, roses, qui s'agite et n'arrive à aucun résultat. J'insiste et l'on me conduit d'une façon solennelle à une baignoire où il y a trois pouces d'eau froide. Après deux heures de pourparlers et d'attente, on se résout à la remplir et un des turbans apporte sur un plateau d'argent une théière d'eau chaude destinée à réchauffer le bain.

Après le bain, il n'y a pas de linge pour s'essuyer. Je demande une voiture : il n'y en a pas, il faut l'envoyer chercher à Madras. Je demande à déjeuner : cela fait pousser de véritables cris à tous les turbans, qui du reste ne bronchent pas et ne commandent rien. Alors je me fâche du mieux que je peux, car la langue anglaise ne m'est pas très familière.

Pour me calmer, le majordome me présente un turban blanc et me déclare qu'il l'attache à ma personne. À peine a-t-il fini son discours que le *boy* s'élance sur ma malle et en disperse le contenu à travers la chambre. Je l'arrête dans son zèle et j'insiste sur l'idée de déjeuner.

Ça réussit assez bien, on m'apporte du thé ; mais, le boy s'étant absenté, le personnel à turban se précipite dans toutes les directions, monte les escaliers, descend dans les sous-sols pour trouver le boy, au lieu de me donner une cuillère que j'ai demandée.

Bref, nous allons loger à *Lippert Hotel* dans la ville Noire, au bord de la mer.

Les premiers contacts des Européens avec l'Inde eurent lieu sur la côte du Malabar ; c'était la plus rapprochée, c'était aussi celle qui présentait les ports les plus sûrs. La côte de Coromandel, avec ses plages de sable balayées six mois de l'année par les moussons du nord-est, était si peu hospitalière pour les navires que toutes les grandes villes du Deccan étaient construites dans les terres. Mais les guerres du

Carnatic et de l'Hindoustan forcèrent les flottes anglaise et française à chercher, de ce côté de la presqu'île, des ports de ravitaillement ou de débarquement, et, comme la configuration géographique ne s'y prêtait en aucune façon, les comptoirs furent placés un peu au hasard des circonstances.

Aussi, dans l'origine, les établissements de la côte de l'est étaient regardés comme secondaires. Mazulipatam [1], Nellore, Pondichéry avaient peu d'importance. Lorsque la Compagnie anglaise reconnut la nécessité d'avoir une place forte au bord de la mer, elle se fit accorder en 1640, par un petit prince indigène, l'érection d'un fort à Madras. On l'appela fort Saint-George. Par le fait, Madras était fondée. Ce petit fort fut le centre d'une ville commerciale qui n'avait, il est vrai, ni fleuve, ni port, ni rade, mais qui, par sa position et par les événements dont elle fut le point de mire, ne tarda pas à être la capitale des établissements de la Compagnie anglaise sur la côte de Coromandel.

Nous avons déjà dit les incidents de la guerre étonnante soutenue par Dupleix dans le Carnatic ; nous avons à parler du rôle qu'a joué Madras, prise par La Bourdonnais, abandonnée par lui, reprise par Dupleix et abandonnée de nouveau par la France.

On peut dire de La Bourdonnais qu'il est parti simple marin à la conquête des Indes. Montant de grade en grade, il était arrivé à être gouverneur des îles Bourbon. Lorsque la guerre éclata avec l'Angleterre, il résolut de s'attaquer aux établissements de l'ennemi. Repoussé par la Compagnie des Indes, trompé par le gouvernement français, il prit le parti d'agir tout seul.

La France lui avait refusé des vaisseaux, il s'empara de ceux qui venaient aborder aux îles de son commandement ; sans ingénieurs, sans ouvriers, sans soldats, il créa des chan-

1. Ou Machulipatnam, ou encore Bandar.

tiers, des arsenaux, une armée, une flotte, puis il partit pour les Indes.

Mais une tempête l'assaillit en route, et il se réfugia fort maltraité dans la baie d'Antongil. Là tout fut à recommencer.

Il fit un quai, établit des ateliers, jeta une digue sur des marais qu'il fallait traverser pour amener du bois, resserra le lit d'une rivière, et, après quarante-huit jours pendant lesquels la fièvre lui enleva quatre-vingt-quinze Européens et trente-trois nègres, il reprit la route des Indes et marcha droit sur Madras.

Il chercha d'abord la flotte anglaise, bien supérieure en force ; celle-ci ayant refusé le combat, sans perdre de temps il investit la ville, qui capitula trois jours après.

Mais La Bourdonnais s'était secrètement engagé envers son pays à ne conserver aucun établissement dont il se serait emparé, et il se disposait à rendre Madras après en avoir tiré rançon, lorsque Dupleix lui ordonna de garder la ville. Le nouveau conquérant répondit qu'il avait juré sur l'honneur de rendre Madras aux Anglais, et qu'il tiendrait parole. Dupleix lui envoya deux officiers chargés de s'assurer de sa personne.

– Messieurs, leur dit-il, c'est moi qui vous arrête.

Le temps s'écoulait, la mousson arrivait, sa flotte essuyait tempête sur tempête. Il n'eut que le temps de retourner à Bourbon, où il trouva un autre gouverneur nommé à sa place.

Il part pour la France. Fait prisonnier par les Anglais, il est rendu à son gouvernement, qui le jette à la Bastille, d'où il ne sort, après deux ans de captivité, que pour mourir de misère.

C'est pendant son long séjour en prison qu'il écrivit ses mémoires sur des mouchoirs trempés dans de l'eau de riz, se servant en guise de plume d'une pièce de six liards cassée, dont il colorait la pointe par du marc de café.

On a beaucoup exagéré, à mon sens, la rivalité qui aurait pu exister entre Dupleix et La Bourdonnais. Dupleix se connaissait en hommes, et il eût été heureux d'utiliser le génie de

La Bourdonnais ; leur mésintelligence au sujet de la reddition de Madras se serait calmée sur un ordre du gouvernement, qui ne demandait alors qu'une chose : qu'on le laissât tranquille. Ces deux hommes ont suivi la même voie ; ils ont tous deux servi leur pays avec intelligence, dévouement et courage ; tous deux ont travaillé, malgré la France, à la grandeur de la France ; tous deux ont été misérablement punis par la patrie pour avoir voulu sauver la patrie.

Après la disgrâce injuste de Dupleix, les événements aux Indes pivotent autour de trois hommes : Clive, du côté des Anglais, Bussy et Lally-Tollendal du côté des Français.

Clive, nous l'avons entrevu, au moment où les Anglais réfugiés dans le temple de Sriringam étaient sur le point d'abandonner les Indes.

À ce moment, les Anglais, découragés, se laissaient enlever les forts qu'ils occupaient ou reprendre ceux que par hasard ils avaient pris. Ils se faisaient battre en pleine campagne, au pied des murailles qu'ils allaient secourir.

La régence de Madras, à bout de ressources et d'espérances, jetait en vain un regard plein d'angoisse sur son allié, Muhammad Ali, qui, lui-même enfermé dans Tinuchirappalli, où il était à bout d'argent, ne pouvait plus entretenir ses troupes. C'est alors que Clive demande à pénétrer dans le Conseil de la régence et parvient, non sans peine, à s'y faire entendre.

– Nous ne pouvons plus nous défendre, dit-il, prenons l'offensive !

L'idée de Clive, renouvelée des guerres puniques, fut admise et on lui en confia l'exécution.

Quel était donc cet homme qui venait donner des conseils et se charger d'une entreprise digne d'un grand général ? Un inconnu, ou presque tel.

Clive avait débuté comme simple écrivain de la Compagnie anglaise. Des bureaux il avait passé au service militaire, et dans quelques expéditions il avait fait preuve d'un génie fécond en ressources et en conceptions hardies, d'une grande vivacité de coup d'œil et d'une intrépidité froide. Mais son caractère irritable, aigri, hautain, farouche, indiscipliné, l'avait peu à peu rendu impossible, et il quitta l'épée pour reprendre la plume.

Et voilà que d'un coup il s'improvise habile diplomate et grand capitaine. On lui organise une façon d'armée. Sur huit officiers qui commandaient après Clive, six n'avaient pas encore vu le feu, et, parmi ces six, quatre étaient des employés civils tirés de leurs bureaux.

Clive s'élance sur Arcot et arrive à cette ville au milieu d'un orage tellement épouvantable que la garnison se sauve doublement effrayée, sans coup férir.

Mais Canda Sahib veut ressaisir la ville, et Clive, qui avait su prendre sur sa petite armée un ascendant considérable, résiste jusqu'au dernier grain de poudre, jusqu'au dernier grain de riz, et donne aux renforts le temps d'arriver.

Aussitôt secouru, il entre en campagne, prend plusieurs forts, bat les Français en plaine, et, après une rapide série de succès, retourne à Madras pour s'entendre avec la régence. Les Français veulent profiter de ce répit, mais Clive, renforcé par Laurence, vieil officier expérimenté qui arrive d'Angleterre, se remet à presser les Français, qu'il refoule à leur tour dans Sriringam, où ils sont faits prisonniers, ainsi que nous l'avons raconté à propos de ce célèbre temple.

Lorsque la disgrâce de Dupleix laissa à Clive ses coudées franches, il ne fit pas autre chose que d'utiliser au profit des Anglais les procédés diplomatiques qui avaient si bien réussi à Dupleix et que la France aveuglée ne voulait pas admettre.

S'appuyant, comme son modèle, sur l'influence, la richesse, la hiérarchie des princes locaux, il cherchait surtout à s'établir dans le Bengale, pays neuf pour les Européens et qui lui donnait le Gange comme base d'opérations.

Clive voyait plus loin que la Compagnie anglaise : il comprenait que tôt ou tard c'était à la couronne d'Angleterre qu'il devrait offrir la souveraineté des Indes, et Pitt, qui, comme tous les hommes d'État de Londres, surveillait avec un vif intérêt les événements de l'Orient, professait pour Clive une haute estime et une certaine admiration. Aussi, pendant que La Bourdonnais et Dupleix étaient jetés en prison comme des malfaiteurs, Clive recevait de son pays des encouragements, des hommes, de l'argent, des navires. On comprend combien il lui était facile d'étendre dans l'Inde l'influence anglaise, au moment où la Compagnie française, abandonnée par l'ignorance de nos hommes d'État, perdait pied de tous côtés.

C'est Bussy que nous aurions dû opposer à Clive, «le grand Bussy», comme disent les historiens anglais. Son courage de soldat, son habileté de tacticien, ses goûts de gentilhomme, son adresse de diplomate, sa grande connaissance des hommes et des choses de l'Inde le désignaient pour prendre la succession de Dupleix et continuer son habile et fructueuse politique. Mais c'était justement de cette politique qu'on ne voulait pas, et l'on affecta de ne pas voir le héros français qui tenait l'Inde dans ses mains, alors que Clive essayait seulement ses premières escarmouches.

C'est toujours la même faute que nous commettons systématiquement en matière coloniale : ne jamais tenir compte des gens qui sont aux colonies ; supposer que dans des questions semblables il est inutile de connaître le pays, le climat, la langue, les mœurs, les croyances, les lois, les superstitions, les traditions, l'histoire et cette constitution spéciale que les siècles font à un peuple. Penser qu'un Parisien quelconque, s'il est intelligent, en sait assez pour se tirer d'affaire au milieu des difficultés que sa propre ignorance fait naître sous ses pas de nouveau débarqué ; et quand on a Bussy, on délègue Lally-Tollendal. L'un sait tout, tient tout, peut tout, connaît l'Inde à fond, en est un rouage nécessaire, une gloire ; l'autre ne sait rien et a sur toutes les questions les idées les plus fausses. Ah! Clive avait beau jeu!

Bussy avait compris que pour dominer les Indes il ne suffisait pas de prendre des places fortes et de battre des armées, qu'il fallait aussi en imposer à tous ces rajahs par un faste égal au leur, et ce soldat, qui savait coucher sur la dure, s'était entouré d'un luxe oriental; il s'était fait prince indien et pouvait traiter de pair avec les plus grands rois.

Il apparaissait toujours aux yeux des princes mahométans comme un protecteur librement choisi, ardemment réclamé. Il avait encore avec lui une armée de huit cents Européens et cinq mille cipayes. Il résolut de gagner Hyderabad, d'y attendre du secours de Pondichéry, et, fortifié dans un jardin de la ville, il défiait les efforts de Shah Nawas khan, allié des Anglais.

Un faible détachement envoyé de Mazulipatam, sous le commandement de Law, était proche et venait au secours de Bussy.

Mais Law perdait la tête, voulait abandonner l'entreprise, au moment de recueillir les fruits des combats qui avaient ensanglanté chaque étape de son chemin.

Chargé de délivrer Bussy, il lui écrivait de venir le secourir. Bussy écrivit à Law pour lui ordonner de marcher, l'avertissant qu'il allait au-devant de lui avec son armée. Mais il n'emmena que cent cinquante hommes, et quand il eut parcouru deux ou trois kilomètres, chassant tout devant lui, il fit un signe à cette multitude de coulis qui marchaient dans son ombre, et leur dit de dresser sa tente si connue dans l'Inde, haute de trente pieds, assez vaste pour contenir six cents hommes. Comme dans un conte de fées, les charpentiers et les valets apportèrent les uns les étais, les autres les draperies; tout un peuple de cuisiniers prépara les mets, et, quelques heures après, Bussy, siégeant sur un trône orné des armes du roi de France, en habit chamarré de pierreries, entouré de ses officiers en costumes pompeux, dînait devant une table chargée de vaisselle plate, tandis qu'un chœur, prenant pour thème les exploits des Français, faisait retentir l'air de ses chants, soutenus par une musique guerrière dont les accords, emportés par la brise, parvenaient aux oreilles de Nawas khan et de ses généraux.

À l'aspect des drapeaux qui flottaient au-dessus de la tente, au son des trompettes françaises, à ces rumeurs guerrières qui s'échappaient du camp, le grand vizir, Nawas khan, eut un frisson de peur. Il eut la vision de Bussy à cheval à la tête de ses bataillons, l'épée haute, montant dans la fumée de la bataille, conduisant la charge et broyant les hommes sur son passage. Il se crut perdu et n'osa détacher un soldat pour marcher contre le corps de Law, qui, après un dernier combat, parut enfin dans la plaine de Hyderabad et donna la main à Bussy.

Une heure après, Bussy obtenait du soubah[1] du Deccan, Salabet-Singue, tout ce qui faisait l'objet de la guerre, et la noblesse du pays se prosternait devant le vainqueur, qu'elle jugeait un demi-dieu.

Cet homme extraordinaire ne fut pas compris de Lally-Tollendal, que la France envoyait pour remplacer Dupleix. Lally ne vit en Bussy qu'un ambitieux, un jouisseur, un être intéressé, et, systématiquement, contrecarra toutes les idées de cet habile général.

Lally-Tollendal avait déjà fait ses preuves comme capitaine et comme diplomate. Son père, originaire d'Irlande, l'avait élevé dans la haine des Anglais, et ce sont ses sentiments hostiles à l'Angleterre qui l'avaient fait choisir.

Malgré ses qualités de soldat et d'homme d'État, il avait, pour la mission qu'on lui confiait, un défaut énorme : il ne

1. Ou *subah*. Division administrative (province) dont le gouverneur est le *subahdar* (ou *subedar*). L'auteur a confondu ici les deux mots.

connaissait pas l'Inde et n'avait aucune préoccupation de la connaître. Pour lui le problème se posait simplement par la suppression des Anglais sans comprendre qu'il ne pouvait arriver à ce résultat qu'en s'appuyant sur les princes indigènes, dont il ne faisait aucun cas.

Quand, à la fin de sa mission, il s'aperçut qu'il faisait fausse route, il était trop tard : Bussy était prisonnier et l'Inde perdue pour la France.

En arrivant aux Indes, Lally débuta par l'attaque du fort Saint-David, devant lequel la flotte mouilla.

Dans un pays de castes et de traditions immémoriales, rien n'est plus à redouter que de violer des institutions, des prétentions, des préjugés qui ont traversé les siècles et reçu la consécration du temps. Lally commença par vouloir substituer sa volonté et les besoins de son service à ces grands mobiles des sociétés humaines. Pour presser le siège de Saint-David, il avait à improviser toutes ses ressources. Il voulut suppléer à force d'hommes au temps et aux instruments qui lui manquaient. Les habitants de Pondichéry furent mis en réquisition et condamnés indistinctement à toutes sortes de travaux, même à ceux que leurs préjugés de caste leur interdisaient le plus. C'était presque un sacrilège. Des prêtres, des guerriers faisaient office de bêtes de somme, portaient des fardeaux, traînaient des charrettes et se voyaient attelés au même brancard avec des parias et des soudras.

Devant ces traitements, la ville se dépeupla rapidement ; les préparatifs du siège n'en allèrent pas plus vite, et Lally, irrité, n'y trouva d'autres remèdes que de redoubler de rigueur dans l'emploi des moyens de contrainte.

Malgré ces fautes, le siège fut poussé avec vigueur et succès. La garnison capitula. Cuddalore et Devicottah tombèrent aussi en notre pouvoir. Encouragé par ces débuts, Lally voulut frapper un coup décisif en s'emparant de Madras. Mais la grande difficulté était le manque d'argent. On s'avisa que le rajah de Tanjore était redevable à la Compagnie d'une somme de trois millions de roupies ; une expédition fut aussitôt décidée contre ce prince.

L'armée, dès son entrée en campagne, eut à se ressentir de l'effet des premières mesures prises par Lally.

L'effroi qu'elles avaient inspiré aux indigènes les avait tous mis en fuite ; à mesure que le général s'avançait, le vide se faisait devant lui. Les transports devenaient impossibles ; les vivres manquèrent. Quand les soldats entrèrent à Devicottah, ils n'avaient rien mangé depuis vingt-quatre heures. Rien n'était préparé pour les recevoir. De fureur ils mirent le feu à la ville.

Une pagode qui passait pour contenir de grandes richesses fut violée et bouleversée, les idoles brisées. On les trouva de matière commune, dorées seulement à la surface. Pendant le sac du temple, les prêtres brahmaniques, insultés, poursuivis par les soldats, s'étaient enfuis en maudissant les sacrilèges. Quelques-uns, inquiets du sort de leurs divinités, se glissèrent dans la pagode. Les soldats les surprirent et les amenèrent à leur général.

C'eût été pour Lally l'occasion d'accomplir un acte d'habile politique. Il fallait traiter avec douceur ces hommes inoffensifs, les engager à rassurer les habitants des campagnes et les amener à nous vendre des vivres. Mais Lally avait toujours ses idées d'Europe, et il s'obstina à ne voir que des espions dans ces dévots serviteurs de Brahma.

Il se disait que, pour dompter ces peuples, il fallait les terroriser par l'appareil d'exécutions terribles.

Il fit donc amener sur la place du village, devant une foule d'Hindous, les prêtres pris au siège de la pagode. Des canons chargés étaient en batterie. On conduisit les captifs devant la gueule des pièces ; on les y attacha et l'on mit le feu aux canons. L'odieux spectacle de cette pluie de sang, de ces débris de chair retombant dispersés au loin, valut plus qu'une victoire au rajah de Tanjore. Des émissaires coururent colporter dans toutes les directions le récit du martyre des prêtres. Un sentiment d'horreur, un violent désir de vengeance s'emparèrent des Hindous. La résistance s'organisa.

Aussi, à mesure que l'armée avançait, les souffrances allaient croissant. On n'avait plus ni pain ni viande ; pour toute nourriture le *coulou*, l'avoine de l'Inde, et les noix des cocotiers. La colonne s'avançait lentement, sous un soleil de feu, dans un nuage de poussière qui irritait la gorge. La terre brûlait les pieds. Les visages, les mains étaient tuméfiés par l'extrême chaleur. Les yeux cuisaient, enflammés par la réverbération des rayons solaires. Les coups de soleil tuaient raide ou rendaient fou. On voyait des soldats, la peau du visage et du crâne pendant en lambeaux effiloqués et jaunâtres, courir çà et là, agitant les bras, chantant ou pleurant ; leur délire troublait les plus fermes. On brûlait de soif, et l'on ne pouvait boire au passage des rivières : qui buvait mourait. On ne pouvait marcher la nuit, car aucun habitant ne voulait servir de guide, et l'on se perdait dans les broussailles.

Enfin, à la crête d'une petite éminence, l'armée aperçut à ses pieds des champs verdoyants et bien cultivés, comme il y en a aux approches des grandes villes ; et, dans les lointains de l'horizon embrasé, elle vit des tours pyramidales émergeant d'un amoncellement de taches blanches.

C'était Tanjore.

Malgré quelques engagements heureux, la ville résista. Lally aurait fini par en être maître, mais le rajah entreprit des négociations, et l'ignorance où Lally était des mœurs indiennes lui fit perdre tous ses avantages.

Le rajah fit observer qu'il avait promis l'argent à Canda Sahib et non à la Compagnie française. Lally avait complètement oublié que Canda avait été notre allié et qu'il aurait dû faire intervenir ses héritiers. Pourtant le rajah offrait aux Français trois lacks de roupies, et il en offrait un au général en cadeau. Ce qui était une politesse, Lally le prit pour une insulte. Il devint de plus en plus dur, de plus en plus méprisant avec les Hindous. Ceux-ci, humiliés, mais voyant que les menaces du général n'étaient pas suivies d'effet, redoublaient de ruse, traînaient en longueur, attendant l'intervention des Anglais, prévenus en secret.

Tout d'un coup on apprend que la flotte anglaise a battu la nôtre et qu'elle est maîtresse de Karikal ; Sanbinet, d'Estaing, qui connaissaient l'Inde, étaient d'avis d'en finir quand même avec Tanjore ; mais Lally trouva qu'il était plus important de sauver Karikal que de châtier le rajah. Après un combat terrible qui fut nécessaire pour pouvoir s'en aller, les troupes arrivèrent, mourant de faim et de fatigue, à Karikal…, où l'on apprit que la nouvelle du succès des Anglais était fausse.

D'ailleurs Lally n'était préoccupé que du siège de Madras : voilà le rêve qui ôtait le sommeil à ses nuits.

Mais les Français étaient courts de tout, et c'est cette détresse même qui décida l'entreprise ; les officiers se cotisèrent et réunirent quatre-vingt-quatorze mille roupies. Lally, pour sa part, en donna soixante mille.

Trop pressé d'aboutir pour bien prendre ses précautions, le général laissa derrière lui le fort de Chinglaput, qu'il se contenta de reconnaître. À peine arrivé devant Madras, on s'empara facilement de la ville Noire, mais il fallut faire le siège du fort, et l'on n'avait de provisions que pour quinze jours.

Pourtant le siège traîna plus de deux mois, jusqu'au moment où la flotte anglaise apparut dans les eaux de Madras. Pendant ce temps nos vaisseaux étaient prudemment hivernés à l'île Bourbon.

Lally fut obligé de se retirer et de retourner piteusement à Pondichéry, où il trouva, à son grand étonnement, tout le monde en joie de sa défaite. C'est que ce n'est pas impunément que l'on cherche, dans un pays dont on ne sait rien, à renverser toutes les coutumes, toutes les habitudes prises, à repousser les alliances, à faire fi des amitiés, à méconnaître les services rendus et à blesser tous les amours-propres.

Lally, qui ne voulait rien comprendre aux alliances avec les princes indigènes, trouvait que Bussy n'était d'aucune utilité en restant auprès du soubah du Deccan ; il l'avait rappelé à Pondichéry et emmené au siège de Madras. Clive, voyant la place libre, en profita immédiatement, et tout le Deccan, qui était, grâce à Dupleix et à Bussy, une terre française, ne tarda pas à passer aux mains des Anglais.

Insensiblement resserré autour du chef-lieu de la compagnie des Indes, Lally n'avait plus qu'une ville à perdre, Pondichéry. Ce ne fut pas long.

Après l'attaque infructueuse de Wandeswah, où Bussy fut fait prisonnier, et où les forces françaises s'épuisèrent de plus en plus, l'infortuné général eut enfin l'idée de se tourner du côté des princes et de leur tendre une main brisée et défaillante. C'était trop tard. Lally entrevoyait ce qu'était l'Inde, juste au moment où il n'avait plus de rôle à y jouer. Pondichéry, non secourue, mal défendue, fut prise, et Lally retourna en France.

Il ne fut pas seul l'auteur de cet effondrement colonial. Les auxiliaires qu'il avait amenés de France le secondèrent très mal, et la mère patrie ne le secourut presque pas. On lui avait donné pour ingénieur un certain Dure, qui ne pouvait faire un calcul juste et qui faisait recommencer plusieurs fois les travaux de siège jusqu'à ce que le tir fût exact.

D'Aché, qui commandait la flotte, n'était préoccupé que de l'île Bourbon, possession française, et n'agissait qu'à regret en faveur de la compagnie des Indes, association de marchands qui lui paraissait fort peu intéressante. Aussi s'en allait-il à tout propos aux îles de la Réunion ; et quand il recevait de France des renforts pour les Indes, il les arrêtait au passage et les gardait à Bourbon. Pendant ce temps l'Angleterre ne cessait d'envoyer à Clive vaisseaux, soldats, munitions et argent.

Mais les grands coupables furent les administrateurs parisiens de la Compagnie. Ils avaient en horreur la grande et intelligente politique de Dupleix et de Bussy. Ils ne voulaient que des comptoirs, sans comprendre que pour les alimenter il fallait des alliances à l'intérieur des terres, et que pour les défendre il fallait des forces suffisantes pour en imposer aux Hollandais et aux Anglais. Le programme de Lally, par son insuffisance, par sa clarté et sa simplicité, qui n'étaient que de l'étroitesse, cadrait parfaitement avec les opinions des actionnaires timorés. D'Argenson leur avait dit : «Lally va tout gâter. On fera manquer ses opérations pour se venger de lui. Pondichéry aura la guerre civile dans ses murs avec la guerre extérieure à ses portes…» Les directeurs avaient demandé Lally malgré tout.

Mais lorsqu'il revint à eux perdu, pour les avoir trop écoutés, ils furent les premiers à l'accuser de trahison et à demander sa tête : c'est en effet par l'échafaud que devait finir ce drame affligeant.

Pour couper court à des accusations qu'il trouvait aussi odieuses qu'injustes – car il n'avait fait que suivre les instructions, qu'exécuter les ordres du gouvernement et de la Compagnie – le général alla de lui-même se constituer prisonnier à la Bastille, pensant que cette attitude calmerait les esprits. Mais il avait compté sans le parti pris, l'acharnement de tous ceux qui se sentaient fautifs et qui avaient intérêt à rejeter les responsabilités sur une seule victime.

La France venait de perdre le Canada ; la chute de nos établissements dans l'Inde faisait naître dans l'opinion un véritable affolement. Le roi, qui aurait dû couvrir son mandataire, crut être juste en demandant une enquête sur tous les faits qui s'étaient passés dans l'Inde ; le Parlement en profita pour faire le procès du seul Lally.

Un certain P. Lavaur venait de mourir à Pondichéry. Il avait rédigé sur le compte de Lally deux mémoires, l'un tout à l'éloge du général, l'autre accumulant contre le délégué de la France les calomnies les plus révoltantes ; le premier mémoire disparut, et c'est le second qui fut la base de l'accusation.

On fit comparaître jusqu'à deux cents témoins à charge. Les plus infimes furent les plus écoutés. Un palefrenier, Michelard, se chargea d'expliquer et de critiquer les opérations militaires. L'ignorance de l'Orient fit naître des quiproquos ridicules ; on reprocha à Lally d'avoir accepté six mille cipayes, prenant le cipaye pour une monnaie, et d'avoir un jour reçu un *waquil* d'un prince indien, ne sachant pas qu'un waquil est un ambassadeur.

Pour juger des faits de guerre il eût fallu un conseil de généraux ; mais le commissaire chargé de l'enquête ne comprenait rien aux termes techniques, et, quand Lally disait que sa droite était en l'air, le juge lui répondait durement de ne pas «plaisanter avec la justice» ; il lui reprocha même comme une lâcheté de ne pas s'être mis à la tête de l'armée pendant une retraite.

Lorsqu'un homme de valeur comme le marquis de Montmorency, maréchal de camp, syndic de la Compagnie des Indes, veut prendre la défense de l'accusé, on ne l'écoute pas ; Crillon, lui, est entendu, mais on écrit le contraire de ce qu'il dit.

On refuse même à Lally d'avoir un conseil, ce qu'on accorde pourtant au dernier des misérables.

Lally, se voyant perdu, réunit ses notes, remet aux juges trois volumes de mémoires, qu'on ne lit pas et qu'on met simplement aux pièces annexées.

Lally avait le droit d'être conduit à l'échafaud dans son carrosse voilé de crêpe. On le jeta sur un tombereau. On le bâillonna. Aux derniers moments les bourreaux le brutalisèrent, le frappèrent comme s'il avait été une bête dangereuse. Le coup de hache fut mal donné ; un bourreau saisit la tête par les oreilles, un autre les jambes ; un troisième lui scia le cou…

Nous arrivons à Madras dans un triste moment. Le choléra et la famine se sont abattus sur la contrée. Le choléra, on n'y fait pas grande attention, on y est habitué ; mais la famine est chose grave, car elle peut amener la destruction à peu près complète de la population ; que ferait de l'Inde l'Angleterre si les Indiens n'y étaient plus ?

Aussi le gouvernement déploie-t-il toute l'activité possible pour amener du riz de la Birmanie, du Cambodge, de Java. Sur la mer, au large, toute une flotte de navires attend les barques de déchargement, terriblement secouées par la mousson du nord-est. À cette époque de l'année, Madras, qui n'a pas de port, mais une simple plage, offre aux vaisseaux un mouillage plein d'épouvante ; c'est la tempête sur ancres, et si les ancres cèdent, c'est le naufrage. Les bâtiments oscillent, dansent, s'effondrent et se relèvent. Au milieu des vagues monstrueuses, des barques faites exprès, organisées pour l'échouage, vont chercher le riz ; puis la tempête les ramène au bord comme une épave ; avant d'arriver sur le sable, elles touchent trois ou quatre fois le fond de la mer ; chaque vague nouvelle les reprend et les avance de quelques mètres.

Sur le rivage, une activité étrange. Ce sont les affamés eux-mêmes qui sont employés à débarquer les sacs, à les empiler, à charger les voitures à bœufs, ou à traîner les voitures à bras. Ces gens, venus de pays divers, n'ont pas besoin de donner leurs noms, de montrer leurs papiers ; ils ont faim, c'est leur passeport ; ils sont affreusement maigres, et dès qu'ils arrivent, on peint en blanc sur leurs poitrines nues une lettre et un numéro, les voilà enrégimentés ; quand ils auront peiné tout le jour, ils recevront leur ration de riz.

Les femmes, trop faibles pour travailler, vannent le sable

pour en retirer les grains échappés des sacs. Ce sont les glaneuses de la famine.

Tous ces squelettes vivants sont dirigés par des ventrus dont l'obésité alourdit l'activité. À la tête de ces indigènes maigres ou gras, deux ou trois employés anglais, le lorgnon à l'œil, le carnet en main, le casque de carton sur le chef, surveillent et dominent.

Nous allons chez le gouverneur, à qui nous sommes recommandés. Là encore, on est tout à la famine; c'est décidément l'affaire intéressante. Nous avions beaucoup compté sur lui pour nous faciliter la visite des environs de Madras, particulièrement des *Seven Pagodas*, mais nous ne tardons pas à voir que tout ce qui n'est pas sacs de riz n'est point digne d'attirer l'attention.

Ce n'est pas que nous soyons mal reçus. Loin de là: on nous invite au lunch, servi avec un luxe de nabab. Les ladies font ce qu'elles peuvent pour nous faire croire qu'elles s'intéressent à ce que nous pouvons leur dire. Régamey exhibe ses albums, qu'on feuillette en regardant le plafond et en s'écriant *very nice* à chaque page qu'on tourne sans l'avoir regardée.

Il n'y a dans toute cette famille qu'une préoccupation, qu'un souci, qui part du front du gouverneur, passe sur le front de ces dames, et se répercute jusque sur celui des domestiques graves et tristes.

Laissant tout ce monde à sa disette, nous allons visiter la ville.

Ville insignifiante du reste, et toute moderne. On y voit de grands espaces vides, brûlés du soleil, qu'on appelle des squares; on y voit de larges rues qui n'ont pas de maisons, des champs immenses qui sont la ville elle-même.

Un jardin public, avec des pelouses assoiffées qui frisent sous le vent sec, quelques cages garnies de tigres, un kiosque où le *military band* joue des valses de Strauss devant des bancs dont les insolations éloignent les spectateurs, un musée d'art sans objets d'art, un musée d'archéologie sans antiquités, une bibliothèque sans livres, telles sont les curiosités de Madras.

Je ne veux pourtant pas être injuste. On admire au musée archéologique quelques pierres cassées qui représentent la période préhistorique de la province, spécimens frustes et grossiers de «celtes» granitiques de couleur noire ou brune. Les objets en pierre taillée ont des angles extrêmement vifs. Nous ne trouvons pas là les beaux échantillons de l'âge de la pierre en Europe. Et l'on n'y voit pas non plus les indications nécessaires pour connaître la provenance de ces objets et leur état civil géologique : c'est regrettable.

Cette ville aux mérites négatifs me rappelle ce que le conquérant Baber, fondateur de l'empire moghol au XVIe siècle, disait de l'Inde :

Il y a peu de plaisir à espérer dans l'Hindoustan. Le peuple n'y est pas beau. Il n'a aucune idée des charmes de la vie sociale, ni de ceux que fait éprouver l'abandon d'une franche réunion ou d'un entretien familier. Il n'a ni génie, ni portée intellectuelle, ni politesse de mœurs, ni affabilité, ni camaraderie ; il n'est ni ingénieux ni inventif, soit dans le plan, soit dans l'exécution de ses travaux manuels, et ne possède ni le sentiment ni la science de l'architecture. On ne trouve aux Indes ni bons chevaux, ni bonne viande, ni raisins ou melons muscats, ni aucun bon fruit, ni glace, ni eau fraîche, ni bonne nourriture, ni même de pain dans les bazars, ni bains, ni collèges, ni chandelles, ni torches, ni chandeliers. Au lieu d'une chandelle ou d'une torche, vous n'avez pour vous éclairer qu'une rangée de sales Hindous, dont la main droite tient une façon de petite lampe et la gauche une gourde contenant de l'huile destinée à en alimenter la flamme.

Ce portrait décourageant, tracé par un musulman, a bien quelque vérité, mais on peut demander à son auteur pourquoi il s'était emparé d'un pays si désagréable, de même que je me demanderais ce que j'y suis venu faire, si je ne pensais pas que, la première impression passée, j'y trouverai un intérêt qui m'échappe encore.

Des raisons financières nous font aller à la banque, où nous pouvons faire des études approfondies sur les turbans des employés.

Ici, où toute la population est divisée par castes, il a fallu créer, pour les facilités du commerce, la caste des teneurs de livres, la caste des garçons de recette, la caste des caissiers, etc., et pour chaque caste on a dû inventer une coiffure spéciale : de là cette variété infinie, cette complication savante de plis d'étoffe.

Profitant de ce que le jour baisse et de ce que la chaleur devient moins intense, nous prenons une voiture pour aller au loin dans la campagne retenir la barque qui doit, cette nuit, nous conduire, au moyen d'un canal d'irrigation creusé au sud de la ville, jusqu'au célèbre site appelé Seven Pagodas.

La route que nous suivons est fort large et très ombragée. Elle est fort encombrée de musulmans déguisés ; il paraît que le carnaval de Mahomet dure encore, et nous ne nous attendions guère à trouver en pleine Inde les fils du Prophète transformés en sectateurs du mardi gras. Sur le bord de la route, des marchandes de fruits vendent des cocos frais dont l'eau intérieure donne, quand on la boit, une sensation glacée nullement à craindre pour la santé.

Un énorme rouleau de fonte écrase les pierres de la route, mais le curieux, c'est qu'il est traîné par une centaine de jeunes filles belles et bien faites, splendide corps de ballet mis au service des ponts et chaussées. Un conducteur des travaux armé d'un fouet tape sur ce charmant bétail pour surexciter son zèle ; mais la troupe gracieuse n'en perd ni une parole ni un éclat de rire ; tout ce monde pépie comme une volée de moineaux et s'amuse plus qu'il ne travaille : on dirait que les coups sont un assaisonnement au plaisir.

Je n'ai jamais vu l'Inde gaie comme cela. Est-ce que la corvée de l'entretien des routes est une partie du carnaval ? À proposer aux ingénieurs français !

Nous arrivons au canal et, après avoir retenu une barque pour la nuit, nous retournons à Madras, où nous devons faire la connaissance d'un brahme shivaïte auquel nous sommes recommandés.

Ce brahme est un homme grand, aux traits énergiques. Entièrement vêtu de blanc, il porte sur la tête un petit turban blanc. Au milieu du front, badigeonné de blanc, il s'est peint un gros point rouge.

Il paraît enchanté de voir des Français et m'assure que, dans sa famille, sa femme, ses enfants ne parlent que le sanscrit, langue sainte, et le français. Il déteste les Anglais. « J'aime mieux, dit-il, le choléra que le collecteur ! » Sa conversation est gaie, et ses sentiments sont très élevés. Il apprend l'allemand tout seul pour pouvoir lire les livres de Strauss sur Jésus.

Je lui demande ce que signifie la marque qu'il a peinte sur son front.

– C'est la marque du diable ! s'écrie-t-il.

Et il y a dans cette boutade autant de dépit que de gaieté. Ce qu'il aime dans la France, c'est son esprit d'aventure politique, colonial, scientifique.

– Le Français trouve, l'Anglais utilise. La France essaye sur elle-même les questions sociales, comme les médecins qui se donnent la fièvre exprès pour l'étudier...

Je l'interroge sur ses croyances. Il est panthéiste. Il croit à une âme universelle qui est l'esprit de Dieu. « L'espace, puis l'air, le feu, l'eau, la terre, la nourriture, les animaux, y compris les hommes, c'est l'esprit de Dieu qui a pris toutes ces formes. La création est le corps de Dieu, et Son esprit anime tout.»

Il n'admet pas Dieu directeur, c'est à peine s'il croit à Dieu créateur: «Les actes des hommes sont dirigés, récompensés et punis par le fait des lois établies lors de la création. L'intervention personnelle de Dieu n'existe pas. L'ignorant dit que Dieu dirige tout; le savant fait bien et en remet l'honneur à Dieu. Or, comme Dieu ne dirige rien, il ne fait pas de miracles; la prière est un hommage rendu à Dieu et ne peut changer en rien l'ordre des choses.»

Il ajoute qu'il ne croit pas plus au fatalisme qu'au libre arbitre. Ici je ne comprends pas très bien, car il faut choisir.

Mais les dieux brahmaniques sont sur le tapis.

– Ce sont, dit-il, des dépravations de l'esprit védique. Ces dieux n'existent pas; mais il faut bien que les prêtres vivent!

Ce trait lancé par un brahme m'étonne. Ce prêtre qui parle ainsi des prêtres doit être, je suppose, à l'abri du besoin.

– Que deviennent les âmes? la métempsycose nous l'explique; grâce à elle les punitions ne sont pas éternelles, et finalement les âmes des sages retournent à l'âme universelle dans le sein de Dieu.

Quant à la morale, elle est résumée dans une série de préceptes simples: Dites la vérité; – faites la charité; – n'oubliez pas l'étude de la nature; – respectez vos précepteurs; – imitez-moi quand je fais bien; – n'oubliez pas le mariage; – ne vous oubliez pas dans la prospérité; – regardez comme des dieux votre père et votre mère; – le gourou («confesseur, directeur spirituel») est un père; – recevez les vagabonds; – ne faites pas des actes nuisibles aux autres: celui qui fait cela est ami de Dieu.

Et en manière de conclusion suprême:

– Celui qui aime le prochain comme lui-même connaît Dieu!

Le temps me manque. Je ne puis pousser plus avant *l'inter-*

*view* et me renseigner complètement sur les idées philosophiques que professe le savant brahme. J'en entends assez pour comprendre qu'il est de l'école védanta.

On sait qu'aux Indes, à côté des sectes religieuses, il y a des sectes philosophiques en grand nombre et dont quelques-unes remontent à une très haute antiquité. Toutes ces philosophies, qui cherchent à démontrer la vérité par le raisonnement, sont à bases dogmatiques ; ce sont presque des croyances ou tout au moins elles s'appuient sur les croyances.

Athéistes ou déistes sont d'accord dans le but qu'ils se proposent : découvrir et enseigner les moyens d'arriver à la béatitude finale, c'est-à-dire d'obtenir l'exemption de la métempsycose et la délivrance de toutes les douleurs qui résultent pour l'homme de l'existence corporelle.

Colebrooke a classé ces écoles et en a trouvé six principales :

1° La première école Mimansa, fondée par Djaimani ;

2° La seconde école Mimansa, ou Védanta, dont la fondation est attribuée à Nyasa ;

3° L'école Nyaya, ou logique de Gotama ;

4° L'école atomistique de Canadi ;

5° L'école athéiste de Capila ;

6° L'école déiste de Patandjali.

Cette classification est forcément arbitraire, puisqu'elle supprime des écoles importantes et qu'elle divise des sectes qui vivent sous la même rubrique et professent la même doctrine sur beaucoup de points ; exemple : l'école athéiste de Capila et l'école déiste de Patandjali, qui sortent l'une et l'autre de l'école sankya.

Il semble qu'il y ait là une anomalie ; l'athéisme et le déisme peuvent difficilement découler du même principe. Mais si l'on réfléchit que l'histoire de la philosophie grecque nous donne des exemples de doctrines opposées émanant des mêmes sources, on peut bien admettre que de pareils faits se soient produits aux Indes. Seulement en Grèce nous pouvons suivre les phases de la transformation, tandis qu'aux Indes, pour la philosophie comme pour la religion, l'art, les mœurs, la chronologie manque presque complètement. Et puis le déisme indien est plutôt (nous l'avons constaté en écoutant notre brahme) un panthéisme qui confine à l'athéisme, qu'une croyance au Dieu unique, créateur et directeur, comme nous le comprenons.

Ce qui caractérise les systèmes qui nous occupent, ce sont d'abord les procédés de déduction, tellement semblables aux procédés grecs qu'il y a là forcément une parenté, et, d'autre part, les nomenclatures infinies, exubérantes, des principes fondamentaux, leurs groupements par nombres réguliers, sans doute comme procédé mnémotechnique. On y surprend une recherche incessante de la vérité qui échappe à ces philosophes, car les sciences naturelles leur manquent, et ils confondent toujours les causes morales et les causes physiques, faisant volontiers dériver les unes des autres.

Ainsi l'école sankya reconnaît trois qualités essentielles ou modificatives de la nature : 1° la bonté ; 2° la passion ; 3° l'obscurité. Ces qualités affectent tous les êtres animés ou inanimés. C'est par la volonté que le feu tend à s'élever vers les cieux, que la vertu et le bonheur sont produits chez l'homme ; c'est la passion qui cause les tempêtes dans l'air, et le vice dans le cœur humain ; c'est l'obscurité qui donne à la terre et à l'eau leur tendance à tomber, qui produit chez l'homme l'imbécillité et le chagrin.

Dans l'école védanta les âmes individuelles sont des fragments de l'âme universelle ; elles s'en échappent comme les étincelles de la flamme et elles retournent à Dieu.

L'âme est enfermée dans le corps comme dans une enveloppe, ou plutôt comme dans une succession d'enveloppes. Dans la première, l'âme est associée avec les cinq sens ; dans la seconde, l'intelligence vient s'ajouter à cette première union ; dans la troisième se trouvent les facultés vitales. Ces trois associations constituent le corps subtil qui accompagne l'âme dans toutes ses transmigrations.

La quatrième enveloppe, c'est le corps matériel.

Les états de l'âme par rapport au corps sont les suivants : dans l'état de veille, elle est active et en rapport immédiat avec la création réelle et positive ; dans les rêves, avec une création illusoire et sans réalité ; dans le sommeil, elle est unie, mais non attachée à l'essence divine ; dans la mort, elle quitte complètement le corps matériel ; alors elle se rend dans la lune, elle s'y enferme dans un corps aqueux, tombe en pluie, est absorbée par un végétal, et de là se convertit, par le travail de la nutrition, en un embryon du règne animal.

Après avoir accompli ces transmigrations, dont le nombre dépend de ses mérites, elle reçoit la délivrance finale.

Ces théories physico-morales, ces aberrations produites par l'ignorance, nous donneraient une pauvre idée de la conception hindoue si, à côté, nous ne rencontrions une élégance de diction, une puissance de raisonnement, une élévation de sentiments qui nous font penser aux grands génies de la Grèce. De part et d'autre, ce sont les mêmes procédés appliqués à d'autres préoccupations ; le sens commun hellénique a utilisé dans un but pratique la méthode indienne.

On se demande même, tant la ressemblance est fréquente, s'il n'y a pas eu emprunt et quel peuple a été l'initiateur de l'autre.

Le nuage qui recouvre les annales de l'Inde nous empêche de les interroger à ce sujet, mais les chroniques grecques nous fournissent trois points de contact historiquement constatés : Pythagore, Aristote et les Alexandrins. Abandonnons les Alexandrins, venus à une époque où le problème n'a plus d'intérêt. Restent, par conséquent, Pythagore et Aristote.

Pythagore est un pur védantique. Il croit à l'âme universelle, à la métempsycose, aux êtres intermédiaires, à l'absorption finale dans le sein de Dieu.

Toutes ces idées sont indiennes et n'ont rien de grec. On sait d'ailleurs que le philosophe est allé aux Indes pour s'instruire et non pour évangéliser. Proposer que ses théories et sa méthode ont créé les systèmes orientaux nous accule à toutes sortes d'invraisemblances. Il faut admettre que Pythagore, par avance, a deviné exactement l'état d'esprit où la transformation lente des Veda avait amené les Hindous. À moins que ce ne soit Pythagore lui-même qui ait écrit les Veda, absurdité à laquelle on arrive si l'on veut repousser ce que nous dit l'histoire, à savoir que le célèbre voyageur a simplement importé en Grèce un système philosophique qu'il a trouvé aux Indes.

Quant à Aristote, il n'a pas vu ces pays lointains, et pourtant sa philosophie dans les moyens de déduction, dans les exemples donnés, dans les croyances dogmatiques, dans les conclusions pratiques, est la reproduction exacte de ce que nous enseigne l'école Nyaya, dite école logique de Gotama.

Comment expliquer ces ressemblances ? Aristote n'a pas voyagé ; mais un de ses meilleurs élèves, Alexandre le Grand, a conquis les Indes et il a pris soin d'envoyer à son professeur les plantes, les animaux des pays qu'il parcourait. C'est avec ces spécimens et les renseignements fournis par écrit que le savant philosophe a pu composer son histoire naturelle. Pourquoi n'aurait-il pas reçu également sur les mœurs, les croyances, les doctrines des Asiatiques de semblables documents ?

Son vaste esprit a dû être frappé des méthodes indiennes et a pu s'approprier celle qui correspondait le mieux avec ses idées.

Si l'on n'accepte pas cette explication, on est obligé de transformer Alexandre et ses soldats en maîtres de conférences, expliquant, propageant entre deux victoires, les doctrines d'Aristote. Or, si l'on est tenté d'attribuer à ces conquérants le rôle de missionnaires philosophiques, il faut bien éviter de lire ce que les auteurs anciens nous ont conservé sur les préoccupations intellectuelles de ces hardis soldats. Alexandre a eu deux fois l'occasion d'affirmer quelle influence avait eue sur son esprit l'enseignement d'Aristote.

La première fois, quand il se trouva en présence de la bibliothèque de Darius, colossale accumulation des œuvres de la pensée. Qu'en fit-il ? Il la brûla et jeta sur l'histoire des Perses cette tache noire que produit la perte d'une littérature !

La seconde fois, aux Indes ; quand il rencontra des prêtres brahmaniques. C'était bien pour lui le cas de s'instruire ou de les instruire. Il préféra d'abord les condamner à mort. Puis il les interrogea en les prévenant qu'il ferait mourir le premier celui qui aurait le plus mal répondu, et tous les autres ensuite ; et il nomma le plus vieux pour être juge.

Il demanda au premier quels étaient les plus nombreux, des vivants ou des morts. Le prêtre répondit que c'étaient les vivants, parce que les morts n'étaient plus.

Il demanda au second qui, de la terre ou de la mer, produisait les plus grands animaux. « La terre, parce que la mer en fait partie. »

Au troisième, quel était le plus fin des animaux. « Celui que l'homme ne connaît pas encore. »

Au quatrième, pourquoi il avait porté Sabbas, le prince indien, à la révolte. « Afin qu'il vécût avec gloire ou qu'il pérît misérablement. »

Au cinquième, lequel avait existé le premier, du jour ou de la nuit. « Le jour ; mais il n'a précédé la nuit que d'un jour. » Et comme le roi parut surpris de cette réponse, le philosophe ajouta que des questions extraordinaires demandaient des réponses de même nature. Comme nous dirions : à sotte question il faut sotte réponse.

Au sixième, quel était, pour un homme, le plus sûr moyen de se faire aimer. « Étant devenu le plus puissant de tous, qu'il ne se fasse pas craindre. » C'était là une manière adroite de demander grâce.

Aussi Alexandre prend-il goût à la flatterie et il demande au septième comment un homme peut devenir Dieu; mais le brahme esquive le compliment sollicité et répond simplement: «En faisant ce qu'il est impossible à l'homme de faire.»

Alors le roi reprit sa mauvaise humeur, et, comme un chat qui interroge une souris, il demanda au huitième laquelle était la plus forte, de la vie ou de la mort. «La vie, qui supporte tant de maux.»

Et au dernier, jusqu'à quel temps il est bon à l'homme de vivre. «Jusqu'à ce qu'il ne croie plus la vie préférable à la mort.»

Alors Alexandre se tournant vers le juge lui dit de prononcer; le vieillard déclara qu'ils avaient tous plus mal répondu les uns que les autres.

– Tu dois donc mourir le premier pour ce beau jugement, reprit Alexandre.

– Non, seigneur, répliqua le prêtre, à moins que vous ne vouliez manquer à votre parole; car vous avez dit que vous feriez mourir le premier celui qui aurait le plus mal répondu.

On voit que si Alexandre ne parut pas prendre très au sérieux la sagesse de ces brahmes, ces derniers ne se gênèrent pas pour se moquer tant soit peu du conquérant. Malgré cela, le roi, émerveillé des réponses qu'ils avaient faites à ses devinettes, leur fit des présents et les congédia sains et saufs.

Je sais qu'à part cette scène rapportée avec complaisance par Plutarque, Alexandre fit quelques avances aux plus célèbres philosophes de l'Inde. Il leur députa Onésicritus, qui était élève de Diogène. Le délégué ne fut pas toujours bien reçu; un sage indien, nommé Dandani, au lieu de répondre à ses questions, lui demanda seulement quelle idée singulière avait eue Alexandre de faire un si long voyage. Un autre, Calamus, refusa de parler à l'envoyé, qui n'était pas en costume de cérémonie, c'est-à-dire nu.

Ce Calamus se décida pourtant à suivre Alexandre dans ses

pérégrinations, et lorsqu'il trouva qu'il en eut assez, il monta sur un bûcher auquel il fit mettre le feu. Les amis d'Alexandre, pour honorer ce trait de courage philosophique, se livrèrent à une telle orgie, que quarante-deux moururent d'indigestion.

Tous ces faits ne font pas voir que les idées grecques aient eu une grande influence sur les philosophes de l'Inde, mais ils montrent au contraire la curiosité que les Grecs ressentaient pour les écoles indiennes, et ils expliquent assez bien comment le pessimisme brahmanique a pu s'introduire dans certains esprits de la Grèce, comment Pyrrhon, qui a été aux Indes avec Anaxarque, a pu douter de tout, absolument comme s'il eût été de l'école Paouranika, qui déclare que tout n'est qu'illusion ; comment les stoïciens ont pu s'inspirer des déistes sankya, qui poussaient jusqu'au fanatisme le mépris de la douleur ; comment, enfin, les atomistes, disciples de Canadi, ont pu être les initiateurs de l'atomiste Démocrite ; sans parler de Pythagore et d'Aristote, qui n'ont pas caché les emprunts qu'ils ont faits aux écoles de l'Asie.

On peut donc conclure, avec Colebrooke, qui a le mieux étudié ces questions, que «les Hindous ont été, dans cette circonstance, les maîtres et non les disciples».

## VIII

## MAHABALIPURAM

Nous avons passé la nuit dans une petite barque tirée sans relâche par un ou deux indigènes. Malgré les odeurs nauséabondes et malsaines de l'eau du canal, nous avons pu dormir. Un choc du bateau nous réveille : nous sommes arrivés.

On voit se détacher en noir, sur le ciel encore sombre et marbré de nuages, les silhouettes de hauts palmiers et les contours de monuments étranges. C'est Mahavélipour, Mahabalipoorum, Mavaliverum[1] ou, pour être compris des voyageurs, les Sept Pagodes.

Nous partons à travers champs, Régamey et moi, marchant à l'aventure chacun de notre côté. Nous savons que nous ne pouvons pas nous perdre, car la mer n'est pas loin, et les monuments sont entre la mer et le canal.

Tandis que je cherche à m'orienter à travers les rochers bouleversés et les groupes de palmiers, je vois venir à moi un grand gaillard à la peau très brune. Les jambes sont nues et il a le torse et la tête entièrement enveloppés d'une vaste étoffe translucide, d'une blancheur parfaite. La rapidité de la marche fait flotter la mousseline légère ; c'est comme un nuage blanc porté sur des jambes noires.

1. Ces formes anciennes ont, semble-t-il, disparu devant *Mahabalipuram.*

Le nuage m'aborde et m'adresse la parole dans une langue que je suppose être le tamoul. Donc, je ne comprends rien.

Mais une pantomime, que je traduis facilement, m'explique que le nuage de mousseline s'offre à me servir de guide. Je réponds que j'accepte par une autre pantomime que je traduis au préalable, car si j'avais fait osciller la tête de haut en bas, cela aurait voulu dire «non», et en faisant osciller la tête de gauche à droite, cela signifiait «oui».

Le flot de draperies blanches me mène d'abord sur le rocher le plus élevé, sur lequel on trouve les restes d'un petit édicule. Là je vois la mer à ma gauche et tout autour de moi des entassements de rochers singuliers comme une succession d'énormes blocs erratiques entre lesquels poussent de hauts lataniers.

– *And the Seven Pagodas?* dis-je à mon paquet d'étoffe.

Un bras sombre jaillit de la masse blanche, et une main fine s'abaisse et se relève à plusieurs reprises. Le dictionnaire de pantomime que je porte toujours dans ma mémoire m'apprend que ce geste veut dire : «Patience!»

En descendant le rocher, mon guide me fait entrer dans une sorte de caverne carrée creusée dans le roc, et dont l'entrée autrefois supportée par quatre colonnettes repose désormais sur trois. À droite et à gauche, dans les parois latérales, on a sculpté deux superbes scènes dont les personnages principaux sont plus grands que nature.

Le bas-relief de droite représente un combat. Une déesse lumineuse s'avance, montée sur un lion, et tire de l'arc; toute une armée la suit. Devant elle recule un homme énorme à tête de taureau, armé d'une massue.

– Yama, me dit mon guide.

C'est le nom du roi des enfers, l'ancien crépuscule des poèmes védiques.

Mais je suis muni d'un livre publié à Madras et dans lequel on a réuni plusieurs brochures écrites sur Mahabalipuram, en

1784, 1798, 1844. L'homme-taureau y est appelé Mahisha-soura. La scène représenterait le combat de Dourga contre ce géant aux formes multiples. Je fais part de ma découverte au jeune Indien.

– Yama, répète-t-il.

On peut mettre d'accord les textes et l'indigène, car les croyances qui se sont superposées et combinées aux Indes ont amené parfois des assimilations forcées.

Voyons d'abord ce que nous savons de Mahishasoura. Le *Mardankeyapurana* raconte le combat dans lequel il fut vaincu par Dourga, forme de Parvati, femme de Shiva. Dourga y est appelée Tchandika.

Le sombre combattant s'avance, terrible, sous les apparences d'un taureau. La déesse lui lance un lacet et l'arrête. Alors il quitte la forme du bœuf et devient lion. Tchandika ne lui a pas plutôt coupé la tête qu'il apparaît comme un homme, l'épée en main. Aussitôt la déesse écrase sous ses flèches l'homme et son armure. Lui, alors, devient un grand éléphant, et de sa trompe saisit le lion de Tchandika et l'attire à lui. La déesse coupe la trompe, et le grand Asoura de nouveau devient taureau et fait trembler l'univers.

Ici Tchandika emploie un système souverain : elle se met à boire du vin coup sur coup, et, transportée de colère, roule des yeux rouges et rugit. Le démon lui lance des montagnes, qu'elle repousse par des nuages de flèches. Enflammée par le vin, elle lui dit en bredouillant : « Crie ! crie ! fou que tu es, je te laisse un moment de répit pour boire encore. Les dieux à leur tour vont bientôt crier de joie quand ils te verront égorgé de ma main. » À ces mots elle saute sur le taureau ; plaçant son pied sur le cou du monstre, elle le perce de son trident ; sous le poids de la déesse, il sortit à moitié de sa propre bouche et fut ainsi chassé de lui-même par Tchandika, qui, finalement, lui coupa la tête.

Alors, poussant des cris de douleur, périt l'armée des

157

Daïtyas, et l'armée des Devatyas fut dans la joie. Les Suras avec les célestes Maharshis adorèrent Tchandika ; le chef Gaudarvas chanta et les apsaras dansèrent.

Ce combat a été souvent représenté par les sculpteurs brahmaniques, malgré les difficultés que présentaient les transformations incessantes du principal personnage. Ordinairement le taureau vaincu est figuré la tête coupée, et de son cou jaillit un homme armé que la déesse perce de son trident.

Dans le bas-relief que nous admirons, l'artiste s'en est tiré d'une façon moins compliquée, moins étrange, à la manière des Égyptiens et comme auraient fait les Grecs : il a mis à l'homme une tête de taureau.

Il est à remarquer que l'armée de Devi n'est composée que de nains difformes, tandis que les guerriers du démon sont grands, bien faits et d'une figure distinguée. Les poses de ces soldats qui tombent blessés sont ingénieuses et fort élégantes.

Le jeune Indien de nouveau consulté accepte que la déesse aux dix bras qui fait avec adresse de l'équitation sur un lion soit Tchandika. Mais il insiste pour que l'homme-taureau soit Yama.

Et au fait, pourquoi pas ?

Dans la légende védique des trois pas de Vishnou, Bali (le démon), le roi des Daïtyas, représente les ténèbres. Diti, mère des Daïtyas, est l'obscurité vaincue par le soleil. Ici la légende brahmanique, étant postérieure, représente sans doute le même fait sous une autre forme, en remplaçant Vishnou par Tchandika, épouse ou, plus exactement, énergie active, *sakti*, de Shiva, qui est, lui aussi, dieu solaire en tant que manifestation du feu. L'homme à la tête de taureau représente donc l'obscurité vaincue par la lumière ou l'aurore.

Apis, le taureau funéraire, était le soleil de nuit. Nandi, le bœuf adorateur de Shiva, est le gardien de l'Ouest où meurt le soleil. Le Minotaure grec qui dévorait les jeunes filles et les jeunes gens n'était-il pas, lui aussi, l'image de la mort ?

Acceptons donc l'identification de Mahishasoura avec Yama. Le bas-relief de gauche représente Vishnou couché sur le serpent Secha. Le personnage est gigantesque. Le serpent, dont les cinq têtes à cou gonflé forment une sorte d'oreiller, est censé figurer un lit avec les circonvolutions de son énorme corps, mais il ressemble plus à un mur cyclopéen qu'à un reptile enroulé.

Au-dessus du dieu, dans l'air, sont deux petits personnages mouvementés : un génie à gros ventre et une *apsara*, danseuse céleste.

À droite, au pied du lit, deux hommes admirablement posés. L'un d'eux, qui rappelle certain personnage des bas-reliefs de Rude, tient une massue.

Tout en bas, deux figures accroupies semblent causer, et une troisième, les mains jointes dans l'attitude de la prière, est certainement ce que j'ai vu de plus beau dans l'art indien. Pradier serait-il venu ici ? Ce corps de femme a une grâce et une délicatesse que souligne la pose inclinée ; la tête, ravissante, a une sorte d'expression mutine qui ajoute au charme.

Et, disons-le tout de suite, ce chef-d'œuvre n'a rien de grec ; par l'attitude, la conformation, la finesse des contours, il est indien, bien indien. Les Athéniens ont vu plus beau, ils n'ont pas vu plus pur. Les anciens Arias des temps védiques et les Égyptiens des premières dynasties faisaient danser les jeunes filles nues pour qu'elles apparussent plus chastes. Ce corps sans voiles de jeune fille en prière est resplendissant de pureté.

Les Indiens croient que l'univers subit des cataclysmes périodiques ; après chaque *kalpa*, ils pensent que Vishnou absorbe tous les êtres, et qu'en attendant le moment d'une nouvelle création il repose sur le serpent Secha. Nous assistons, par conséquent, à l'une de ces incubations.

Mon jeune Indien, touchant tantôt le bas-relief de droite et tantôt celui de gauche, cherche à me faire comprendre la corrélation qui existe entre les deux sujets. Je crois saisir que les personnages en prière à côté de Vishnou sont des serviteurs de Mahishasoura qui lui font infidélité. Le soldat à la massue aurait été envoyé par l'homme-taureau pour se saisir des infidèles ; mais un soldat de Vishnou le fait écarter et protège les dévots personnages. Il y aurait donc simultanéité entre le sommeil de Vishnou et le triomphe de Dourga.

Régamey me rejoint et me surprend en contemplation ; mais il fait mieux qu'admirer, il prend son crayon et copie.

Le soleil, qui s'élève au-dessus de la mer, remplit de lumière et de chaleur cette chapelle ouverte. Mon guide a laissé tomber ses draperies blanches autour de ses reins et me laisse voir un type parfait de jeune Indien, digne en tout point des sculptures qui sont sous nos yeux. La régularité et la noblesse des traits, la perfection du torse, le brillant de sa peau brunie en feraient un superbe bronze florentin aux reflets dorés, s'il n'était mieux que cela : un bronze indien.

Mais il faut se hâter avant que la chaleur devienne plus intense, et mon nuage blanc changé en statue d'or me fait signe que les parties les plus importantes de ces curieuses sculptures sont loin, derrière les palmiers. Nous le suivons avec empressement.

Après quelques minutes de marche, nous nous trouvons subitement en face de cinq énormes rochers qu'on a taillés en forme de temples. Deux plus petits ont pris l'apparence, l'un d'un lion, l'autre d'un éléphant.

La première de ces fausses constructions est d'un aspect un peu massif. Elle représente un gros toit carré sur quatre murs. Mais les arêtes du toit, les faces des murs, sont garnies d'ornementations si délicates que ces véritables dentelles de Venise rendent quand même l'ensemble élégant.

Le second temple est de forme pyramidale et très fouillé. Au-dessus d'un rez-de-chaussée de colonnades entre lesquelles on a représenté une foule de divinités, s'étagent deux rangs de petits dômes peuplés de personnages ; le tout est surmonté par une grosse boule octogonale. Derrière les dômes on a ménagé des chemins de ronde, et chaque dôme n'est qu'un créneau déguisé ; on voit que ces sculptures imitent d'autres constructions dont les ornements étaient des moyens de défense.

Entre cette pagode et la suivante, et beaucoup plus sur la droite, on avait esquissé un petit temple de forme ovale ; mais, sans doute, un fragment se détacha et on fit après coup, du côté du sud, une façade qui ne concorde pas avec les lignes générales de l'édifice simulé. L'ordonnance se compose toujours de deux étages de créneaux arrondis, portés sur des colonnes et surmontés d'un dôme.

C'est devant ce petit temple que se trouvent le rocher sculpté en éléphant et celui qu'on a transformé en lion.

Ensuite se présente une longue pagode à toiture ogivale qui, ainsi que le premier temple, fait, par son aspect massif, ressortir la légèreté des autres monuments. Le rocher qu'on a utilisé a été fendu en deux par quelque tremblement de terre, et une partie a subi un déplacement de trente à quarante centimètres.

Cet événement est évidemment postérieur à l'ornementation du rocher, et la date du tremblement de terre pourrait nous aider dans la détermination de l'époque à laquelle ces singuliers monuments ont été ciselés.

La dernière pagode est la plus importante ; elle a trois étages de créneaux arrondis, surmontés par un gros dôme octogonal. Le rez-de-chaussée figure trois portiques dont les colonnes sont supportées par des lions accroupis. Aux angles, des niches habitées par des dieux, sculptures très soignées, et à tous les étages, dans les moindres creux, tout un olympe de pierre vit et s'agite.

À un angle du temple on a représenté un Shiva moitié homme et moitié femme. Cette forme du dieu a été nécessitée

161

par le désir qu'on avait d'assimiler à Shiva et à Vishnou toutes les divinités locales et tous les héros et héroïnes des légendes antérieures à la période sectaire ; et Shiva a eu ainsi des aventures arrivées tantôt à des dieux, tantôt à des déesses ; j'ai raconté comment une fois il épousa Vishnou. Certains hymnes le font androgyne et le montrent tirant de sa propre substance des générations de dieux. Quoi qu'il en soit, les sculpteurs et les peintres se sont donné la tâche de représenter un dieu homme du côté droit et femme du côté gauche. L'artiste qui orna ce temple a réussi admirablement, et il est impossible de mieux opposer l'une à l'autre la conformation de l'un et de l'autre sexe, l'ostéologie et la myologie des deux représentants de la race humaine. Ce ne sont pas seulement les costumes et les ornements qui diffèrent, ce ne sont pas seulement la fleur de gauche et la hache de droite, le sein qui fait saillie d'un côté et le pectoral qui s'élance de l'autre : mais c'est tout un ensemble merveilleusement étudié, la jambe, la hanche, le bras, l'épaule, la joue et le regard qui déterminent la moitié de la déesse et la moitié du dieu.

Je constate que dans le livre dont je suis muni l'archéologue a vu là une amazone au sein brûlé ; et de déduction en déduction il est arrivé à cette conclusion, que ces rochers ont été creusés par les soldats d'Alexandre ! Quand on vient aux Indes, il faut un peu oublier les classiques, n'est-ce pas ?

Mon guide, frappant le monument de sa main fine, me dit à plusieurs reprises le nom de Youdishtira. J'en conclus que le monolithe sculpté est dédié à ce héros. Quand il pense que j'ai compris juste, il me montre successivement le long temple ogival en disant : «Bhima», puis, le suivant, en disant : «Arjuna».

Voilà déjà trois noms des fils de Pandou, des héros du *Mahabharata*.

Le petit temple pyramidal serait dédié aux deux derniers des Pandouides : Nakoula et Sahadeva. Quant au plus élégant, à la colonnade peuplée de dieux, ce serait le temple de Draaupadi, la belle Krishna, fille du Draaupada et femme unique des cinq frères.

Nous voilà donc en plein poème brahmanique. Ces cinq fils du roi Pandou furent élevés par le célèbre brahme Drona qui chercha à développer chez eux toutes les qualités du corps et de l'esprit. À l'aîné, Youdishtira, il enseigna le maniement de la lance ; mais ce jeune homme avait plus de goût pour l'étude de la sagesse et s'appliquait à faire le bien. Arjuna apprit à tirer de l'arc et devint le plus fameux archer de son temps.

Bhima, qui avait un appétit énorme et une force colossale, fut dressé à tenir la massue.

À Nakoula on dévoila les moyens de dresser les chevaux. Enfin, Sahadeva apprit l'astronomie et l'art de manier l'épée.

Des querelles s'élevèrent entre ces jeunes gens et leurs cousins qui avaient le même précepteur, mais, ne réussissant pas aussi bien, devinrent jaloux, haineux. Ils poussèrent leur père à persécuter les fils de Pandou. On les logea avec leur mère, Kounti, dans une maison de laque et l'on y mit le feu. Prévenus à temps, la mère et ses cinq fils purent s'échapper par un souterrain.

Obligés de se cacher, les jeunes gens prennent le costume des brahmes, se font anachorètes et vivent des maigres aumônes qu'ils rapportent chaque soir à la maison.

Mais voilà que le roi Draaupada, dont la fille Krishna était une merveille de beauté, imagina de proclamer qu'il la donnerait en mariage au prince de sang royal qui serait assez fort pour bander un arc gigantesque qu'il avait fait fabriquer, et assez adroit pour mettre avec cet arc terrible cinq flèches dans le but.

De grandes fêtes furent organisées pour ce tournoi. Les poètes du *Mahabharata* se plaisent à en raconter les splendeurs. De tous pays vinrent les jeunes rois avec un brillant attirail de chevaux, de chars, de soldats splendides et de tentes luxueuses.

Les brahmes du royaume furent conviés à la cérémonie, et les cinq frères se mirent en chemin pour jouir, comme les autres prêtres, du spectacle. Le seizième jour de la fête, la fille de Draaupada,

> ... bien lavée, bien parée, magnifiquement vêtue, la taille serrée par une ceinture d'or, embellie de tous ses atours, descendit au milieu de l'amphithéâtre. Le *prourohita*[1] des Somakides, brahme pur, versé dans les formules mystiques des prières, sacrifia au feu, suivant les rites, et versa dans son brasier le beurre clarifié. Après qu'il eut rassasié la flamme, après qu'il eut appelé sur les brahmes les bénédictions du ciel, il imposa de tous les côtés silence à tous les instruments de musique.

Alors il amena la belle Krishna au milieu de l'enceinte et rappela la proclamation du roi.

Les jeunes princes, «ornés de guirlandes», se levèrent d'un mouvement spontané, brûlant d'un orgueil allumé par la jeunesse, le naturel, la richesse, la naissance, l'héroïsme et la beauté, surexcités par la fougue de la joie, ivres comme au printemps les grands éléphants de l'Himalaya.

Alors tous les dieux arrivent par les routes du ciel et s'avancent sur leurs chars pour assister au concours. Et Krishna, le dieu – ne pas confondre avec la princesse –, fut le seul qui, au milieu des brahmes, reconnut les fils de Pandou. Or, eux aussi s'agitent, car la vue de la jeune fille les a tous cinq blessés des flèches de l'amour.

Alors les guerriers ornés de tiares, les héros aux longs bras, aux membres couverts de guirlandes, de bracelets, de col-

---

1. Forme actuelle : *Purohita*. Prêtre en chef dans l'Inde védique.

liers, saisissent l'arc tour à tour et sont rejetés pêle-mêle, hors d'haleine, perdant les guirlandes, les bracelets qui tombent à terre et les tiares qui roulent au loin.

Arjuna, fils de Counti, se leva du milieu des brahmes et descendit dans l'arène.

Quelque respect qu'on eût pour les brahmes, on ne put s'empêcher de sourire en voyant ce jeune novice se présenter à la lutte. Mais les femmes ne s'y trompèrent pas et dirent : « Ses épaules, ses jambes, ses bras sont potelés et tels que des trompes d'éléphants. Il semble avoir la fermeté de l'Himalaya. Il est charmant. Ne riez pas ; on ne doit pas mépriser un brahme, quelque chose qu'il fasse, bonne ou mauvaise. »

Naturellement, Arjuna bande l'arc, lance les flèches, touche le but, et le roi va lui donner sa fille, lorsque les concurrents se révoltent, assurent que Draaupada manque à sa parole, que les brahmes sont forcément exclus du concours auquel les princes seuls étaient conviés.

Et les jeunes rois « aux bras comme des massues » fondent sur Draaupada pour lui ôter la vie.

Arjuna et son frère Bhima « à la grande force, aux actions épouvantables et merveilleuses », prennent sa défense, et le combat commence, terrible.

Les brahmes, agitant leurs peaux d'antilope et leurs aiguières, crient aux deux guerriers : « Ne craignez pas ! Nous allons combattre avec vous ! » Mais Arjuna : « Tenez-vous de côté, vous ! Et restez spectateurs. » Les deux frères sortent victorieux de la lutte, et les rois, terrassés, se retirent en disant : « Que faire contre des brahmes ? La fille de Draaupada a été conquise par des brahmes ! » Et les prêtres aux peaux d'antilope entourent les héros d'une telle foule que les deux jeunes gens ne peuvent plus marcher.

Leur mère, ne les voyant pas revenir, s'inquiétait vivement, quand tout à coup, dans une soirée pluvieuse, sous un ciel inondé de nuages, à l'heure où la multitude des hommes goûte déjà le sommeil, les frères et la jeune fille se présentèrent sur le seuil de la porte, et Arjuna dit en plaisantant à sa mère : «Voici l'aumône de la journée ! – Partagez-la-vous tous également», répondit la mère, qui du fond de la maison ne voyait pas la belle Krishna. Mais elle ajouta en l'apercevant : «J'ai dit là une mauvaise parole.»

La situation était tant soit peu embarrassante. La jeune fille avait été conquise par deux des frères. D'après les rites, elle devait revenir au fils aîné Youdishtira ; cependant, lui voyait dans les regards de ses frères, même des deux plus jeunes, que la vue de la belle Krishna avait allumé dans leurs cœurs, comme dans le sien, un violent amour.

Une discussion s'engagea, mais toute de dévouement, d'amitié et de sacrifice. C'était à qui n'épouserait pas. Youdishtira trouva une solution. «La belle Draaupadi sera l'épouse de nous tous», dit-il.

Et le dieu Krishna, qui aime à faire le bonheur des hommes, vient dans la chaumière, en voisin, rendre une petite visite d'amitié. Dans une conversation familière il confirme les cinq frères dans la résolution qu'ils viennent de prendre ; puis il se retire, les laissant dans la joie.

La jeune fille aussitôt vaque aux soins du ménage, en attendant son quintuple mariage. Elle distribue la nourriture et mange la dernière.

Pour passer la nuit, on apporte des brassées de l'herbe sacrée *poas*. Les jeunes gens étendirent leur peau d'antilope et se couchèrent. Ils avaient la tête tournée vers la plage où domine l'étoile Agastya. Kounti reposait à leurs fronts, et Krishna servait de coussin à leurs pieds.

Cette scène de nuit nous aide à entrevoir l'origine de cette histoire singulière. Il s'agit sans doute de quelque légende sidérale, d'un mythe appliqué à une constellation composée de cinq grosses étoiles et de deux plus petites. Peut-être le char de Cassiopée (Kacyapa).

Le lendemain, les cinq frères allèrent demander la main de Krishna au roi Draaupada, qui fut d'abord un peu suffoqué de cette démarche collective. Il fit de nombreuses objections et remit sa réponse au jour suivant.

Un concile fut assemblé, auquel vinrent assister tous les dieux, qui, on le voit, s'intéressaient beaucoup à l'affaire. On examina les précédents ; on en trouva même beaucoup. Une femme anachorète nommée Grautani, la plus vertueuse des femmes vertueuses, épousa sept rishis. Une dryade, fille d'un solitaire, s'unit avec dix frères.

Et puis, la mère, Kounti, avait parlé et ne pouvait avoir menti. «Il faut manger sa parole comme l'aumône.»

Mais ce qui décida Draaupada, c'est ce qu'on lui raconta d'Indra, le roi des dieux.

Dans les légendes brahmaniques, ce malheureux Indra, le dieu védique, est toujours victime de quelque mésaventure. Or il advint qu'un jour il eut l'imprudence d'interrompre Shiva qui jouait aux dés avec une jeune fille. Shiva le reçut très mal, termina sa partie, puis, ouvrant la montagne sur laquelle il se tenait, ordonna à Indra d'y entrer. Le dieu qui tient la foudre eut quelques difficultés, d'autant qu'il apercevait dans l'intérieur quatre dieux resplendissants déjà prisonniers.

– Ce sont des Indras mis au rebut, expliqua Shiva, tu vas aller les rejoindre ; puis quand votre temps de pénitence sera terminé, vous renaîtrez hommes et héros.

Le narrateur de l'histoire certifia que les cinq fils de Pandou étaient justement les cinq Indras mis en prison, et que Draaupadi ne pouvait être que Lakshmi.

L'argument parut sans réplique et l'on célébra en grande pompe le mariage de la belle Krishna avec les cinq frères.

On comprend que cette légende, racontée et développée avec complaisance tout le long de l'immense poème du *Mahabharata*, ait inspiré les sculpteurs brahmaniques de Mahabalipuram.

Non seulement les cinq pagodes – qu'on appelle les Sept Pagodes, je ne sais pourquoi – furent dédiées aux cinq héros, mais nous trouverons dans les rochers sculptés d'autres souvenirs non moins gigantesques de cette histoire des Pandouides.

Si même nous avions le temps, nous reconnaîtrions sans doute, parmi tous ces personnages qui ornent les niches, quelques-uns des acteurs de ce drame poétique. Des inscriptions tamoules se voient au-dessus des statues et pourraient nous éclairer à ce sujet; mais une autre préoccupation nous envahit.

L'heure de déjeuner a sonné depuis longtemps, et, pour rejoindre le bateau où sont nos vivres, il faut traverser en plein midi toute la plaine qui nous sépare du canal; c'est effrayant! Vaut-il mieux mourir de faim que de chaleur? J'ai encore recours à mon dictionnaire de pantomime et je fais comprendre au jeune Indien qu'il aille dire à nos bateliers de nous apporter notre repas.

Mais les bateliers, à ce qu'il paraît, ne comprennent pas les traductions, et je vois arriver solennellement à travers les bouquets de palmiers l'Indien qui porte sur sa tête l'énorme corbeille où se trouve l'espoir de nos estomacs. Si un sculpteur était là! La cariatide est toute faite.

Dès que la chaleur est devenue moins intense, notre guide nous mène au bord de la mer, où se trouvent deux pagodes construites pierre à pierre, et qui ont certainement servi de modèles aux rochers sculptés que nous venons de voir.

Leur état de vétusté démontre déjà suffisamment leur antiquité, mais un fait curieux est à ce sujet bien autrement éloquent; ces temples sont enfouis sous des remblais, et les parties antérieures sont recouvertes par la mer. Il y a donc eu là un affaissement des terrains. Les appartements intérieurs sont au-dessous du sol, ou au-dessous de l'eau; ce que l'on voit n'est donc que la toiture et le dernier étage; or c'est justement ce qui a été copié par les sculpteurs de rochers; donc ces sculptures ont été faites après l'effondrement du rivage. Nous avons déjà constaté qu'un tremblement de terre avait eu lieu depuis la ciselure des rochers ; la date de ces travaux peut par conséquent être établie entre deux phénomènes géologiques parfaitement constatés.

Parmi les sculptures intérieures, je retrouve un Vishnou couché sur le serpent à cinq têtes ; il est beaucoup plus grossier que celui que nous avons admiré ce matin dans la grotte creusée.

Régamey, voulant avoir un point de comparaison pour dessiner les ruines qui émergent de la mer, engage notre Indien à se risquer au milieu des récifs formés par ces débris de temple. L'Indien ne comprend pas, Régamey n'ayant fait aucun geste. Mais, sur un simple signe de mon doigt indicateur, le bronze vivant se dépouille de son étoffe blanche, s'élance à la nage et se campe tout ruisselant contre un reste de colonne. Je me demande à quoi peut servir l'étude des idiomes et des langues.

Autour de ces pagodes sont disséminés des fragments de sculpture. Je trouve entre autres un Vishnou au trident, qui, placé ainsi au bord de la mer, pourrait bien être proche parent du Neptune des Grecs.

En jetant un dernier regard sur ces constructions, je constate que chaque détail de l'architecture a sa raison d'être pour la solidité du monument ; ces lourdes pierres arrondies, qui forment les créneaux, recouvrent les joints des murailles, et leurs formes en gouttes pendantes rejettent l'eau des pluies sur d'autres corniches arrondies.

Les chemins de ronde, eux-mêmes garnis d'orifices dans leurs parties inférieures, servent de gouttières. Or toutes ces précautions imitées dans la sculpture des rochers étaient inutiles pour un monument monolithe. Nouvelle preuve de l'antériorité des pagodes sur la mer.

Tout près de là se trouve un temple de brique et stuc, actuellement livré au culte. Nous y pénétrons par une brèche du mur extérieur. Mais aussitôt quelques habitants se précipitent indignés ; un brahme s'avance furieux, armé d'un bâton ; sa colère s'exhale sur notre pauvre guide, qui nous a suivis, et, pour lui éviter quelque incident désagréable, nous nous retirons.

Du reste nous avons mieux à voir, car devant nous se dresse toute une montagne sculptée et couverte de bas-reliefs de haut en bas.

La montagne représente deux immenses groupes de personnages, séparés par une anfractuosité de rocher dans laquelle pousse un superbe *Ficus religiosa*. Au pied de l'arbre on a sculpté, toujours dans la masse rocheuse, un petit temple qui abrite un dieu – lequel ? il n'a point d'attributs – et, autour du temple, plusieurs personnages, étonnants de vérité, adorent et prient.

Chaque groupe est un cortège qui paraît se rendre auprès du sanctuaire. Au-dessus du sanctuaire, un ascète au corps amaigri se tient sur une jambe et semble porter en équilibre sur la tête un pesant fardeau. Nous assistons à un de ces pèlerinages dont il est souvent question dans le *Mahabharata*, le *Ramayana* et les autres livres légendaires de l'Inde ; ce sont des dieux qui, pour se sanctifier, rendent visite à un *mouni* pénitent. Car ce sont bien des dieux qui s'avancent dans l'attitude de la marche aérienne ; n'ayant point la pose de l'homme qui met le pied sur terre, ces êtres volent ou escaladent des nuages célestes. À leur tête, et debout, se tient un dieu à quatre bras ; au-dessus et en face apparaissent deux autres divinités, nimbées du large disque. Puis s'avancent, soit par la droite, soit par la gauche, treize couples de dieux accompagnés de leurs déesses : çà et là d'autres couples d'êtres ailés à pattes d'oiseaux, ou de nains difformes, à gros ventre. Et puis tous les animaux de la création : oiseaux, tigres, lions, gazelles, moutons, singes, éléphants. Deux de ces énormes pachydermes, aux dimensions colossales, ont été traités avec tant de vérité que le grain de la pierre semble être la rude peau d'animaux vivants.

Quelle est au juste la scène représentée? Mon guide, me montrant le personnage central, posé sur un pied et les bras en l'air, me dit que c'est Arjuna. Alors peu à peu la lumière se fait et je reconnais la scène de la grande pénitence accomplie par ce Pandouide afin d'obtenir le *mantra* qui lui donnera la toute-puissance sur ses ennemis.

Je viens de raconter le mariage des cinq frères. Cet établissement avantageux leur procura un certain bien-être. Avec leur femme unique, ils menèrent train de princes et reprirent leurs relations avec leurs terribles cousins.

Ces hommes légendaires, qu'on nous présente comme des sages impeccables, ne seraient pas orientaux s'ils n'avaient le petit défaut d'être joueurs. Et voilà que les méchants cousins provoquent au jeu le chef des Pandouides, le prudent Youdishtira, qui tombe dans le piège et accepte d'avoir pour adversaire un certain Sakouni, tricheur de profession. Youdishtira perd son argent, ses chars, ses éléphants, ses palais, ses domaines. On lui fait jouer sa propre liberté, qu'il perd; celle de ses frères, qu'il perd encore. Ces malheureux volés n'ont plus qu'à jouer leur femme, ce qu'ils font, et la belle Krishna devient l'esclave de leurs pires ennemis.

On l'amène brutalement en la traînant par les cheveux, à peine vêtue, au milieu de l'assemblée, où elle reçoit toutes les insultes.

Mais l'oncle, le vieux Dhritarashtra, plutôt effrayé que touché par ces injustices, offre à Draaupadi de lui donner une grâce. La belle humiliée demande la liberté de Youdishtira. «Ce n'est pas assez», dit le vieillard. Alors elle demande la liberté de ses autres maris, puis la sienne, puis leur fortune. Et peu à peu le sage Dhritarashtra détruit tous les résultats du jeu malhonnête de ses fils.

Ces derniers, furieux, reviennent à la charge, font

comprendre à leur père le danger qu'il leur fait courir à tous, en laissant la puissance à des héros cruellement blessés, et obtiennent du vieillard qu'on rejouera.

Et l'enjeu est la perte complète de la liberté pendant douze ans pour l'une ou l'autre famille. Ceux qui perdront abandonneront pendant ce temps leur fortune aux gagnants et iront mener, vêtus d'une peau d'antilope, la vie d'anachorète dans les bois sauvages.

Youdishtira comprend bien qu'il est dupe, que Sakouni sait amener, avec les dés, les points qu'il veut ; mais il se paye de ces excuses qu'un brahme raisonnable s'offre à lui-même quand il fait une sottise en pensant faire son devoir : «Tous les êtres obtiennent la bonne ou mauvaise fortune. S'il est écrit qu'on jouera, il est impossible d'éviter l'une ou l'autre chance.» Ou bien : «Comment un homme tel que moi, observateur des Veda, reculerait-il devant une provocation ? Je joue avec toi, Sakouni !»

Et Sakouni agite les dés et gagne. Aussitôt les cinq frères et leur femme quittent leurs habits princiers, reçoivent l'initiation pour la vie de pénitents, revêtent la peau d'antilope et se disposent à prendre le chemin des forêts.

Mais les cousins, gens mal élevés, les accablent de railleries, Douççasana, foulant aux pieds toute retenue, dansait autour de Bhima, le héros vigoureux, et le provoquait en criant : «Oh ! le bœuf, le bœuf !» Douryodhana, l'insensé monarque, contrefaisait en le suivant le pas cadencé de Bhima à la marche de lion, et celui-ci, tournant à demi son corps, lui disait : «Tout n'est pas fini ! Toi, Karma, Sakouni, le fourbe, et Douççasana, en voilà quatre dont la terre boira le sang !»

Les cinq guerriers profèrent les menaces les plus terribles, mais à l'échéance de douze ans, lorsque la parole engagée aura reçu satisfaction. Ils ne partent pas, du reste, sans saluer le vieil oncle, qui les bénit en pleurant, leur souhaite la santé et promet d'avoir soin de leur mère Kounti.

C'était bien le cas pour ces héros purs de profiter de leur temps de mortification afin d'obtenir les faveurs célestes et d'acquérir les puissances surnaturelles que donnent les souffrances subies par les anachorètes. Car la moralité brahmanique de cette histoire sera que les fils de Pandou, en perdant leurs richesses, ont fait leur salut. Aussi Arjuna n'hésite-t-il pas à entreprendre la grande pénitence qui fait gagner le *mantra pasoupatastra*. Cette prière ou incantation est d'une telle efficacité que si elle est prononcée dans le temps qu'on tire une flèche, la flèche devient inévitablement mortelle, et de plus possède le pouvoir de produire d'autres armes, qui, non seulement jettent la mort de tous côtés, mais peuvent causer la destruction du monde.

En cherchant une place convenable, il trouva une retraite délicieuse, une forêt abondante en ruisseaux, fruits et fleurs, avec tout ce qui peut régaler les sens et charmer les yeux. C'est là qu'Arjuna commença ses austérités par la méditation, la prière et les cérémonies de purification.

Durant le premier mois il ne mangea qu'une fois en quatre jours ; le deuxième mois, une fois en sept jours ; le troisième mois, une fois en quinze jours ; le quatrième mois, il ne mangea pas du tout et compléta sa pénitence en se tenant sur l'extrémité d'un de ses orteils, l'autre jambe écartée du sol, et ses mains élevées au-dessus de sa tête. C'est justement la période que le sculpteur de la montagne a choisie pour son illustration. La figure d'Arjuna se montre dans une posture exactement conforme à l'histoire que raconte le *Mahabharata*.

Tous les autres personnages représentés autour de lui sont les dieux de l'Olympe brahmanique, les êtres des mondes divers, les animaux mêmes qui viennent admirer Arjuna accomplissant sa pénitence.

À gauche du solitaire se tient Vishnou aux quatre bras, armés respectivement de la massue, du tambour, du trident et du disque. À ses pieds, le fils de Brahma, Visvakarma, muni d'une hache ; c'est l'architecte des dieux. Au-dessus, les deux personnages nimbés sont Sourya et Candra, le soleil et la lune. On a profité d'une fissure du rocher pour y représenter les filles des serpents avec leurs parents aux corps mi-reptile et mi-homme. Dans une petite niche est Krishna, le dieu qui inspire et pénètre toute la poésie des chantres du *Mahabharata*. En plein relief, devant la niche, est un personnage agenouillé, coiffé d'une sorte de bonnet phrygien ou plutôt d'un chapeau de cérémonie semblable à celui de Confucius. Mon cicerone indien me dit que c'est là le sage Drona, le précepteur des Pandouides.

Tout auprès, une chatte avec ses petits se tient dans la position d'Arjuna, lui-même debout, les pattes au-dessus de sa tête.

Aucune explication ne peut m'être donnée de cette scène singulière.

Je crois qu'il serait très difficile de déterminer tous les dieux présents à la cérémonie, car ils n'ont aucun attribut.

Tout à côté de cette représentation gigantesque, sur la gauche, est un long portique orné d'élégantes colonnes supportées par des lions. Le fond du portique est entièrement couvert de hauts-reliefs représentant des sujets champêtres, dont les personnages sont plus grands que nature. Ces bucoliques reproduisent des scènes de la vie de Krishna – au masculin, l'incarnation de Vishnou – qu'il ne faut pas confondre avec la belle Krishna, au féminin, fille de Draaupada, femme des cinq Pandouides.

Cet Apollon berger, qui joue de la flûte au milieu de belles laitières, mérite d'être présenté au lecteur ; ce qui ne sera pas très facile, car les infatigables poètes qui, dans des œuvres interminables, nous racontent ses hauts faits, nous montrent en somme trois Krishna assez différents les uns des autres.

L'un, profond philosophe, penseur élevé, s'entretient avec ses amis de l'immortalité de l'âme et leur fait entrevoir les horizons lumineux des hautes conceptions indiennes.

Un autre est guerrier, hercule terrible, implacable, dont les prouesses extraordinaires indiquent une origine plus qu'humaine. Enfin un troisième type est mêlé avec ces deux-là et s'en écarte singulièrement : c'est celui d'un adolescent plein de gaieté, qui fait des farces plus ou moins risquées à toute personne qu'il rencontre, et proclame une sorte de morale lascive où l'amour joue un grand rôle.

C'est naturellement ce Krishna qui est devenu populaire aux Indes.

Les espiègleries de ce jeune homme se combinent dans la légende avec les prouesses du Samson indien, et cela forme une véritable histoire avec incarnation de Vishnou, substitution d'enfant, persécution par un oncle féroce, nouvel Hérode qui fait égorger les enfants mâles, etc.

Ce qui prouve l'amalgame de traditions variées, c'est non seulement l'indécision du caractère qu'on a voulu tracer, et qui est tantôt brutal et tantôt affectueux, c'est aussi la variété des milieux où se passe l'action. Krishna est tantôt berger, tantôt prince ; son oncle est roi, et lui garde les vaches. Je sais bien que les rois védiques épousaient des bergères, par la raison qu'ils étaient bergers eux-mêmes, mais l'oncle de Krishna habite une ville immense, et la famille où vit le gracieux gardeur de vaches est bien une famille de paysans.

À peine Krishna est-il né qu'il accomplit des prodiges de force. Les dieux ennemis lui envoient des démons, qu'il tue. Un démon femelle, nommé Poutana, se présente comme nourrice et offre à l'enfant du lait empoisonné :

> Elle leva Krishna de son berceau, et, le sourire sur le visage, Poutana le fit asseoir sur ses genoux. Le bienheureux maître reconnut le démon femelle sous sa forme

hypocrite, et, tout en souriant, le bienheureux suça le lait jusqu'à lui ôter la vie. Le futur berger resta fermement appliqué aux mamelles qu'il tarissait. Poutana reprit ses sens et dit : « Qui me délivrera de son étreinte ? Ô maître du monde, je ne t'avais pas reconnu. » Tournant sur elle-même, elle roula sur la terre en proie à des convulsions, et, sous le poids de sa chute, la terre s'affaissa dans une étendue de sept lieues.

Alors la joie éclate parmi les jeunes laitières :

De maison en maison s'en allaient les compagnes de Krishna ; se livrant aux réjouissances, elles chantaient des airs pleins de douceur. Délivrées de la crainte, les bergères, avec des démonstrations de joie, pressaient l'enfant sur leur cœur. L'une préparait le repas, l'autre entourait sa tête avec la queue d'une vache ; l'une, pre-nant dans la main le petit Hari (Krishna), le faisait jouer comme une poupée de bois que l'on tient et que l'on fait danser. Sur la bouche de celle-ci s'appliquait le jus de la feuille de bétel ; celle-là saisissait le pot à eau de sa compagne et s'enfuyait avec. Ici l'une prenait du lait et s'en barbouillait le visage ; là l'autre se revêtait de guir-landes de fleurs. Celle-ci jetait sur sa voisine le jus de bétel qu'elle avait dans la bouche ; celle-là, s'approchant de sa compagne, la saisissait et la frappait.

L'une se mêle à ses amies en cachant son visage ; l'autre, par le trou de la fenêtre, vole du beurre dans la maison voi-sine, ou bien appelle un passant et lui en met un peu sur le nez. Ces adroites jeunes filles sont douées d'une beauté égale à celle des femmes du monde des immortels.

Évidemment, ces plaisirs manquent de distinction, mais

leur description nous fait assister aux mœurs patriarcales de l'époque.

Krishna, du reste, le dieu parfait, n'est pas mieux élevé que ses petites camarades. En compagnie de son frère Rama, vigoureux petit paysan, il volait le lait des habitants.

Il marchait, l'enfant espiègle, imitant l'attitude de la mésange, ravi d'écouter le bruit des grelots attachés à ses pieds. Il était folâtre, adroit et très rusé. Dans toutes les maisons du village, l'enfant se livrait à des malices. Il mangeait le beurre et le répandait à terre, ou bien le donnait aux singes. Quelquefois il pénétrait en courant dans une cabane, jetait çà et là les vases pleins de lait et en dispersait le contenu. Dans les maisons où il ne trouvait rien à prendre, il réveillait les petits enfants endormis, ou bien il arrachait les portes.

Les voisines se plaignaient, mais sa mère le déclarait un enfant incapable de mal faire. Le poète hindou s'étend longuement sur ces scènes insignifiantes, et de temps à autre il ouvre des parenthèses pour admirer l'intelligence de son dieu et célébrer sa sainteté révélée.

Une fois pourtant Krishna fut puni : c'est qu'il avait mangé le beurre de sa mère Djaçoda. Le poète est un peu embarrassé pour raconter l'incident, tout en laissant à son gamin de héros la splendeur nécessaire. Sa mère venait de baratter avec les femmes des vachers ; le jeune «prince» eut faim, mais sa mère lui dit d'attendre.

Il était en colère, le dieu incarné, et horriblement fâché ; ses lèvres tremblaient, ses yeux étaient pleins d'une colère insultante, sa figure devint couleur de cuivre. Il répandit autour de lui le petit-lait, le dispersa à coups de pied, et avec ses mains se beurra tout le corps. Un second plat rempli de beurre, que l'on avait furtivement et par précaution placé à l'écart dans le garde-manger, tomba sous ses yeux; il monta sur un mortier de bois, dévora ce que contenait le plat et donna le reste aux singes.

Le poète s'écrie avec admiration : «Il se mit en colère, celui qui est l'asile de la bonté !» Mais sa mère se met, elle aussi, dans une colère bien autrement grande :

Elle parcourut toute la maison en cherchant l'enfant, elle se lance dehors pour tâcher de prendre Gopala (Krishna); Djaçoda se mit à l'appeler; elle court, en proie à la plus violente fureur; elle ne retient plus ses vêtements, qui tombent en désordre; les deux bracelets de ses mains se mêlent et s'entortillent; le nœud qui retient ses cheveux derrière la tête est délié; elle va, la jeune femme, et sa guirlande de fleurs tombe autour d'elle.

L'enfant malfaisant est enfin saisi. «Gloire, gloire à celui qui est l'amour !» s'écrie le poète. Brahma, le dieu suprême, est fort attristé, non des méfaits de Vishnou incarné, mais de le voir tancé par sa mère. Celle-ci demande les liens qui servent à retenir les vaches, et serre fortement contre un mortier de bois celui qui est l'incarnation de l'être divin; de ses mains elle lie celui qui tient l'arc de Vishnou; elle l'attache avec une corde grosse comme deux doigts. Les autres femmes, ayant pris les cordes, enroulent le gentil corps de Hari; son visage laissait tomber des gouttes de sueur; il avait la tête penchée, mais sa mère était méchante en ce moment-là…, et, dans l'intérêt de ses adorateurs, le maître suprême se laissa lier.

Quand sa mère est partie, Krishna sort de la maison en traînant son mortier et déracine en passant deux arbres énormes qui sont devant la porte. De chaque arbre sort un être humain enfermé là pour des fautes antérieures, et ces deux pécheurs délivrés célèbrent la gloire du sauveur des hommes.

Et les prodiges recommencent.

Non seulement Brahma, Indra, Vishnou et les autres dieux viennent rendre hommage à Hari, mais lui-même fait miracle sur miracle. Il redresse la taille des filles bossues, il ressuscite les enfants morts, éteint les incendies, détruit les monstres. Il tient en l'air la montagne Godardhana.

C'est justement ce sujet qui paraît représenté dans les sculptures du fond du portique où nous nous trouvons.

Au moment de l'année où le père de Krishna devait sacrifier à Indra, le jeune berger déclara que c'était inutile, mais que des pasteurs comme eux devaient sacrifier à la montagne qui les nourrissait. On le chargea de diriger la cérémonie et il offrit des mets de sept saveurs à la montagne Godardhana, « qui les mangea en manifestant une joie suprême ».

Mais Indra apprit la chose et se mit en fureur. Il s'arma de la foudre, rassembla les nuées et entreprit de détruire par les orages tout le pays de ces bergers malappris. Pour sauver son village, Krishna prit la montagne, qu'il tint en guise de parapluie sur le bout de son ongle pendant sept jours.

En effet Krishna, coiffé de la mitre, est représenté supportant le plafond de la grotte, et nous pouvons nous figurer que, grâce au dieu, nous sommes, nous aussi, sous l'abri de la montagne Godardhana.

À sa droite se tient son frère Balarhama, également mitré, et tout autour, à travers les troupeaux de vaches, les belles laitières, compagnes assidues du jeune dieu.

Krishna est ordinairement représenté jouant de la flûte et charmant toute la création par ses accents divins. L'un des personnages est justement figuré avec cet instrument aux lèvres ; il faudrait donc supposer que le dieu est représenté deux fois dans le même tableau. Il est plus simple de penser que le joueur de flûte que nous avons sous les yeux est un vacher quelconque.

La série des chefs-d'œuvre n'est pas épuisée. On nous mène encore dans d'autres grottes, où sont d'autres tableaux de pierre. Quels sont donc les artistes infatigables qui ont pu creuser d'un ciseau si habile tant de mètres carrés de rochers granitiques ?

Le crayon de Régamey ne se lasse pas plus que ne s'est fatigué leur burin de sculpteurs, et il trouve le temps de copier une scène d'un grand style représentant la troisième incarnation de Vishnou, changé en sanglier. Il sauve la terre qui allait être engloutie par quelque cataclysme. Tous les dieux présents admirent, adorent, prient. C'est superbe de lignes, d'attitudes, de sentiment. Et c'est indien au possible, par la foi, la pureté, l'élégance ; la poésie du *Ramayana* a bien ces mêmes qualités, et les sculpteurs n'ont fait que traduire.

Il se fait tard, la nuit arrive. Nous apercevons au fond d'une vallée un autre temple monolithe plus élégant, plus élancé que ceux que nous avons vus. Mais il faut rejoindre notre barque.

Plusieurs habitants du village nous ont suivis, et au moment où je veux récompenser mon guide des services qu'il m'a rendus, ce sont les habitants qui tendent la main ! Le guide, impassible, est assis sur un fragment de rocher.

J'ai recours aux lumières de mon valet de chambre. Car j'ai un valet de chambre qu'on m'a imposé à Madras sous le prétexte qu'il me servirait d'interprète et de cicérone ; or on a pu voir qu'il avait passé toute sa journée dans la barque sans se préoccuper ni de nous, ni de nos vivres, ni de quoi que ce soit.

Sur mon ordre il entre en scène, se saisit des deux roupies que j'allais remettre à mon guide, les met dans sa poche, donne quelques piécettes d'argent aux gens du village, jette deux sous au guide et se retire satisfait. Il paraît que mon guide n'est qu'un paria. Je n'entends pas que les choses se passent ainsi, et je fais remettre au jeune Indien les deux roupies qu'il a certes bien méritées. Mon valet de chambre en sera pour ses largesses aux citoyens de Mahabalipuram; mais qu'on se rassure, il aura plus d'une occasion de rentrer dans ses déboursés.

Nous montons en bateau et reprenons le chemin de Madras, ravis par les merveilles que nous venons de voir, profondément émus des problèmes historiques, dogmatiques, archéologiques et artistiques que ces étranges monuments font dresser devant notre esprit.

# TABLE

## DU MÊME AUTEUR

*Émile Guimet : Dialogues avec les religieux japonais*, Findakly, 2012.

*Huit jours aux Indes : 1876*, Éditions Phébus, 2007 ; Libretto n° 527, 2016.

*Mirages indiens : du Ceylan au Népal, 1876-1886*, Éditions Phébus, 1992.

# *l*ibretto

## Dernières parutions

*Cet ouvrage*
*a été reproduit et achevé d'imprimer*
*en mars 2016*
*dans les ateliers de Normandie Roto Impression s.a.s.*
*61250 Lonrai*
*N° d'imprimeur : 160-0285*

*Imprimé en France*

*Dépôt légal : avril 2016*